LA INCOMUNICACIÓN

W0287668

EDICIONES DE BOLSILLO

CARLOS CASTILLA DEL PINO

LA INCOMUNICACIÓN

Ediciones Península®
Barcelona, 1979

Cubierta de
Enric Satué

Primera edición en catalán: 1969
Primera edición castellana: 1970
Tercera edición: 1971
Cuarta edición: 1972
Quinta edición: 1972
Sexta edición: 1973
Séptima edición: 1975
Octava edición: 1977
Novena edición: 1979
Décima edición: 1981
Onceava edición: 1983

© Carlos Castilla del Pino, Córdoba, 1969

Realización y derechos exclusivos de esta edición
(incluido el diseño de la cubierta):
EDICIONS 62, S. A.
Provenza 278, Barcelona-8

Depósito legal: B. 38052-1983
ISBN: 84-297-0923-1

Impreso en ALEU, S. A
Zamora 45, Barcelona-5

NOTA PRELIMINAR

Los modos tradicionales de pensar invitan a suponer que el pensamiento se basta por sí mismo. Como tentación, esta actitud asalta incluso a aquellos que han adoptado la dialéctica como método y tienden a hacer del método dialéctico un puro juego intelectual aislado de la práctica. Si hay en la actualidad posibilidad de ejemplarizar el vacuo entretenimiento que implica el juego con las puras categorías mentales, es la utilización del método dialéctico como tal el que aparece más grotesco. Porque desde la inversión marxiana de la dialéctica de Hegel, la dialéctica o ha de servir para la interpretación y transformación de la realidad o se convierte, también, en una suerte de metafísica, concretada en una teoría del conocimiento que no sirve ni para conocer ni para transformar.

Estas palabras justifican el hecho de que, a lo largo de mi precario quehacer intelectual, yo utilice las categorías dialécticas sin que en momento alguno haya procedido a una declaración, por decirlo así, de los principios. Creo que tales principios, si son válidos, *se han de hacer ver* mediante el desarrollo lógico con que se procede respecto de un tema concreto y los rendimientos obtenidos en él.[1]

1. En este sentido, como el lector habrá advertido, mi punto de vista es próximo al sostenido por Havemann. Para Havemann, las categorías dialécticas son categorías generales que sirven como límites del conocimiento, es decir, como fronteras, pasadas las cuales el planteamiento, al ser adialéctico, entraría en el ámbito de la mera especulación. *Dentro* de las categorías citadas, un problema concreto ha de ser abordado, no obstante, bajo premisas metodológicas par-

Comprendo que ello depare una cierta decepción a todos aquellos que, gratificados por una tradición escolástica en sentido amplio, piensan siempre en sistemas y concepciones del mundo, en categorías intelectuales adoptadas aprióricamente, etc. El lector de los trabajos míos no encontrará nunca satisfacción a tales exigencias, con las cuales hay que romper. El cometido intelectual —científico, político, cualquiera que sea— es siempre modesto, si por tal término se entiende el imponerse a sí mismo una limitación al tema una circunspección respecto de cualquiera índole de generalizaciones, obtenidas exclusivamente por la mera dinámica del pensamiento abstracto.

En este orden de cosas, esta monografía pretende ser, tan sólo, un análisis, por lo demás somero, de un hecho que puede ser observado a poco que sobre nuestra realidad se dirija una mirada atenta. Este hecho de nuestra realidad es la incomunicación. La conciencia de esta realidad es la que, sólo dentro de ciertos límites, permite obtener unas inferencias teóricas acerca de lo que debiera ser la comunicación y, a renglón seguido, una reinversión hacia la práctica, en forma del modo de obtención de la comunicación que se postula.[2] Por eso, este tra-

---

ticulares. Con otras palabras, las categorías dialécticas serían válidas para totalidades. Así, por ejemplo, «todo lo real es material», contiene una formulación tan amplia que, aunque verdadera, no basta por sí sola para la aprehensión de «una» materialidad concreta. No obstante, cualquiera que aborde una tal particularidad ha de contar —o debe contar— con la materialidad de la realidad con la que se enfrenta. Para el punto de vista de HAVEMANN, cf. su libro, *Dialéctica sin dogma,* trad. cast., Barcelona, 1966.

2. Con la reinversión hacia la práctica se cumple así otra de las categorías generales de la dialecticidad de todo lo real. Porque tras la primaria reflexión de la realidad en la conciencia —merced a la cual puede obtenerse conciencia de la realidad, pero no necesariamente, puesto que también es posible que la realidad reflejada no se haga consciente por el sujeto, y quede tan sólo como ideología o cualquiera otro

bajo está dividido en tres partes. En la primera de ellas, examino lo que considero condiciones objetivas para que la incomunicación se dé, las cuales se identifican con las situaciones en que la incomunicación aparece. En la segunda, trato del nivel psicológico (en realidad, psicosociológico) de la incomunicación, y es concebido como una consecuencia, en la persona, de la incomunicación a que la situación le obliga. Por fin, en la última parte, examino las posibilidades de una superación de la incomunicación preexistente.[3]

Apenas es necesario advertir que la utilización de un método, que en sí mismo estimo como el más adecuado para eso de que antes he hablado —la interpretación y la operación sobre la realidad—, no garantiza de ninguna manera su buen uso por ese sujeto singular que es el autor. El lector hará bien en tener ello en cuenta. Y, si este trabajo le decepciona, deberá recabar para el autor la total responsabilidad y no usarlo, como un argumento ad hóminem, siempre falaz contra el método que se postula.

---

proceso supraestructural de distorsión, vivido subconscientemente— la conciencia deviene (o puede devenir) *praxis* transformadora. La conexión con el todo restante —la conciencia, ahora sujeto de la realidad, en conexión con la realidad restante— es una inferencia obligada de la unidad de todo lo real.

3. Cuando hablo de «las posibilidades de superación», me atengo a que dada una realidad concreta, la que aquí y ahora aparece, en gracia a unas formas precisas de intercambio inherentes a determinada estructuración precisa de las fuerzas productivas, cabe la *predicción* de las formas posibles de negación (destrucción) de esta situación con miras a unas nuevas relaciones de intercambio sustitutivas. Lo que caracteriza al pensamiento científico no es sólo la mensuración y explicación de los fenómenos, sino sus posibilidades de predicción y, en algún caso, la posibilidad de que lo predicho se haga realidad (futura), si el análisis obtenido es, efectivamente, válido. Cf. a este respecto W. V. O. QUINE, *Desde el punto de vista lógico*, trad. cast. Barcelona, 1962; también, mi trabajo *El Humanismo «imposible»*, Madrid, 2.ª edic. 1969.

bajo este dominio se [illegible] en la forma de [illegible], mismo lo está consistiendo condiciones objetivas para que la incomunicación se dé [illegible] identificar con las situaciones en que la incomunicación aparece. En la segunda, trato del nivel psicológico [illegible] estudiando el psicosociológico de la incomunicación, y en concreto cómo una [illegible] en la persona de la incomunicación a que la [illegible] obliga. Por fin, en la tercera parte estudio las posibilidades de una superación de la incomunicación [illegible].

Apenas es necesario advertir que la utilización de un método, que en el mismo sentido como forma adecuada [illegible] de que antes [illegible] —la interpretación de la operación sobre la realidad—, no garantiza [illegible] su uso [illegible] es el autor. El [illegible] bien al tener ello en cuenta. Y si este trabajo [illegible] deberá [illegible] para el autor la total responsabilidad y el uso de lo, como en algún [illegible], [illegible] contra el método que se asume.

proceso no estructural de [illegible] vivida [illegible]— la conciencia de [illegible] puede [illegible] transformado [illegible] conexión con el todo [illegible] ciencia, ahora sujeto de la realidad, en conexión con la totalidad [illegible] de la [illegible] de cada [illegible].

5. Cuando hablo de las posibilidades de superación [illegible] tiempo a que dada una realidad [illegible] la [illegible] se aparece, se provoca unas formas [illegible] de [illegible] determinada [illegible] de las [illegible] productivas cabe la predicción de las formas [illegible] negación [illegible] de [illegible] nuevas relaciones de [illegible] el conocimiento no es sólo la [illegible]ción y explicación de los fenómenos, sino posibilidad de predicción y, en [illegible] caso, la posibilidad de que lo [illegible] se haga realidad (futuro) [illegible] Barcelona, 196[illegible], [illegible] Madrid, 2.ª edic., 1962.

Capítulo 1
SOCIEDAD E INCOMUNICACIÓN

Introducción

El problema de la comunicación está planteado actualmente desde ángulos distintos. Distintos, naturalmente, porque se sabe a ciencia cierta de la necesaria división del trabajo en orden a la intelección del problema, que se presenta por sí mismo amplio y de extrema complejidad.[1] No deja de ser intere-

1. El problema de la comunicación presenta varios aspectos, de algunos de los cuales señalo, a título de orientación, las referencias bibliográficas orientadoras. *a*) Como «teoría de la comunicación»: PIERCE, *Símbolos, señales y ruidos*, trad. cast. Madrid; SHANNON y WEAVER, *The mathematical Theory of Communication*, 1949; MILLER, *Language and Communication*, 1951; ARANGUREN, *La Comunicación humana*, Madrid, 1967; PRIETO, *Mensajes y Señales*, trad. cast. Barcelona, 1967; OGDEN y RICHARDS, *El significado del significado*, trad. cast. B. Aires, 1964; CRISTENSEN, *Sobre la naturaleza del significado*, trad. cast. Madrid, 1968; MERLEAU-PONTY, *Signes*, París, 1960; MERLEAU-PONTY, *Sens et Non-Sens*, 5.ª edición, París, 1966; RUSSELL, *Investigación sobre el significado y la verdad*, trad. cast. B. Aires, 1946; MORRIS, *Signs, Language and Behavior*, N. York, 1946. *b*) Los aspectos epistemológicos (aparte las obras de Russell, Ogdens y Merleau-Ponty, citadas antes): los problemas del sentido en la antología de AYER, *El Positivismo lógico*, trad. cast. México, 1965; WITTGENSTEIN, *Tractatus logico-philosophicus*, edición bilingüe, Madrid, 1957; WITTGENSTEIN, *Los Cuadernos Azul y Marrón*, trad. cast. Madrid, 1968; PIAGET, MAYS y BETH, *Épistémologie Génétique et Recherche Psychologique*, París, 1957; la compilación de BUNGE, *Antología Semántica*, B. Aires, 1960. *c*) Los aspectos neurofisiológicos del lenguaje, en PENFIELD y ROBERTS, *Speech and Brain-Mechanisms*, Princeton, 1959, con abundante bibliografía; la compilación de BALKEN, *Psicología semántica y Patología del Lenguaje*, trad. cast. B. Aires, 1966. *d*) Como teoría del lenguaje, que en su concepción actual se inicia en SAUSSURE,

sante el hecho de que tal problema surja hoy como necesidad de rango perentorio.[2] Así, por ejemplo, es evidente que el lenguaje, la expresión en general, han sido abordados desde siempre, por lo menos desde un siempre históricamente abarcable. Mas, no obstante, hoy se nos presentan bajo planteamientos inusuales, que no se deben exclusivamente al hecho de que también los instrumentos para su propio planteamiento sean diversos a los preexistentes. Más bien, creo yo, ello es reputable al reconocimiento de la paradoja con que se nos presenta nuestra situación actual, a saber, el descubrimiento de que

---

Curso de Lingüística general, trad. cast. B. Aires 1967; SAPIR, *El Lenguaje,* trad. cast. 2.ª ed. México, 1962; BÜHLER, *Teoría del lenguaje,* trad. cast. Madrid, 1950; COSERIU, *Teoría del Lenguaje y Lingüística general,* trad. cast. 2.ª ed. Madrid, 1967; JACOBSON, *Essais de Linguistique Générale,* París 1963; MARTINET, *La lingüística sincrónica,* trad. cast. Madrid, 1968; H. JELMSLEV, *El lenguaje,* trad. cast. 1968; ULLMANN, *Semántica,* trad. cast. Madrid, 1967; SCHAFF, *Introducción a la Semántica,* trad. cast. 1966; la obra de conjunto de MALMBERG, *Los nuevos caminos de la lingüística,* trad. cast. México, 1967; la de LEPSCHY, *La Linguistique Structurale,* trad. franc. París, 1968. URBAN, *Lenguaje y Realidad,* especialmente cap. VI, «La comunicación inteligible», trad. cast. 1952. *e*) Como psicología de la comunicación, especialmente en tanto que psicosociología: G. H. MEAD, *Espíritu, Persona y Sociedad,* trad. cast. B. Aires, 1953; SPROTT, *Social Psychology,* London; STOETZEL, *Psicología social,* trad. cast. Madrid, 1965; LINDZEY, *Handbook of social Psychology,* 1954; LAZARSFELD y STANTON, *Communication Research, 1948-1949,* Nueva York, 1949. H. LEFEBVRE, *Le Langage et la Société;* como obra de conjunto, el volumen editado por Pléiade, y dirigido por A. MARTINET, *Le Langage,* París, 1968. *f*) Los aspectos antropológicos de la comunicación, en LAÍN ENTRALGO, *Teoría y Realidad del Otro,* dos vols. Madrid, 1961. *g*) Las formas de comunicación en orden a la terapéutica, en LAÍN ENTRALGO, *La Relación Médico-Enfermo,* Madrid, 1964 y la de Jurgen RUESCH, *Therapeutic Communication,* Nueva York, con abundante bibliografía.

2. El calificativo de perentorio puede requerir una explicación. A mi modo de ver, buena parte del movimiento de protesta que hoy afecta al estamento juvenil (véase 3. «Comunicación y protesta»), especialmente estudiantil, debe ser concebido como una réplica a la necesidad de la comunica-

nuestra comprensión del fenómeno de la comunicación, y la existencia misma de unos medios de comunicación inimaginables hace años, corren parejos, pero en proporción inversa, con la incomunicación fáctica que entre un hombre y otro se verifica. Esta paradoja, o, mejor, esta contradicción, ha de ser explicada, si se quiere luego inteligir qué prerrequisitos son indispensables para que la comunicación exista.[3]

Así, pues, de hecho, lo ocurrido es lo siguiente: el fenómeno del lenguaje, decisivo, como se comprende, en el proceso de la comunicación, ha sido mera-

---

ción, que el desarrollo de nuestra cultura no ha promovido sino bajo formas alienadas. Esta correlación —desarrollo-represión— ya fue vista muy bien por Freud en uno de sus últimos trabajos (cf. FREUD, *El Malestar en la Cultura,* trad. cast. en la edición de Obras completas, XIX, B. Aires, 1955) y ha sido utilizada por H. Marcuse en su conocido libro *Eros y Civilización* (trad. cast. reedición en Barcelona, 1968). Como he señalado en otro lugar, la característica del pensamiento freudiano a este respecto es el pesimismo, inherente a su concepción de que la represión del Eros conduce a la expresión de instancias destructivas procedentes de la liberación de los impulsos de muerte, que aproximan así al hombre, a través de su impotencia para la sublimación, al estado de reposo de la materia inorgánica (cf. CASTILLA DEL PINO, *La inflexión del pensamiento de Marcuse en la antropología freudiana.* Ensayo-introducción a *Psicoanálisis y Política,* de H. MARCUSE, trad. castellana, Barcelona, en prensa). En este sentido, el pensamiento de Marcuse, por cuanto postula la posibilidad de un cambio y su necesidad, sin que, por otra parte, ofrezca una formulación explícita de los modos que serían exigitivos, es, o puede ser, calificable de ideológico y utopista a su vez.

3. Una expresión de esta contradicción de hecho lo revela el que el problema de la comunicación —o su reverso, el de la incomunicación— se plantee en los aspectos psicológicos, fisiológicos (es decir, instrumentales), lógicos y matemáticos (esto es, fundamentales), en forma de teoría de la significación (del signo, del símbolo, de la señal), en su uso verbal (lingüística, estilística, etc.), sin que la profundización en tales aspectos corra pareja con la de los condicionamientos que la hacen posible —o imposible, o, cuando menos, parcial.

mente captado y objeto de análisis pormenorizado. Pero a medida que tales análisis han penetrado en profundidad en el *uso que del lenguaje* se hace, el descubrimiento más sobrecogedor ha sido el de su insuficiencia en orden a la comunicación para la cual surgiera. Es así como entonces el problema de la comunicación se ha presentado como necesidad perentoria, en la medida en que se trata de una necesidad no satisfecha, o, cuando menos, no satisfecha a ciertos niveles de conciencia del modo de relación interpersonal. De esta forma, hoy puede decirse que para las exigencias (en senido amplio) que el hombre mismo se propone, salta en primer plano el hecho de la incomunicación, o de la parcial y distorsionada comunicación. Que no debiera ser así es algo que resulta baladí suscitar. Es, y en este sentido ello basta para que se provoque la necesidad de una explicación. Por otra parte, la cuestión de que debiera ser de otro modo a como actualmente es, remite de inmediato a estas otras facetas del problema: ¿es así, aunque no debiera ser así, porque no puede ser de otro modo? O, con otras palabras: ¿puede, efectivamente, la comunicación que se postula como deseable, necesaria, etc., ser posible fácticamente? Y si lo es, ¿es, entonces, imposible a otro nivel, en otro plano que el meramente instrumental?

Sólo en un sentido lato podría decirse que no existe la comunicación, o que la incomunicación es el rasgo más sobresaliente de los modos de relación usuales en nuestra sociedad. Naturalmente que si se acogiera en su acepción literal, la afirmación es inexacta por exagerada. La comunicación existe. Pero en cada caso lo que hay que preguntarse es *qué* es lo que se comunica y *cuánto* queda por comunicar (o es exigitivo reprimir). En una primera aproximación, puede aseverarse que en el encuentro entre dos personas la comunicación se verifica a modo de esferas tangentes, que contacta cada una respecto de la otra por la periferia del Yo de cada cual. Lo que se da y se recibe son *dudosas formas de expresión* del Yo de cada uno.[4] Sobre ello me extenderé suficientemente en la segunda parte de esta monografía. Baste ahora consignar que en cualquier caso los Yo dados y obtenidos son trasuntos prestados y adquiridos de imágenes y de papeles más que reales mostraciones de esos objetos-sujetos que constituyen las personas.

Por otra parte, cada época tiene unas necesidades distintas respecto de lo que comunicar y el *quantum* a comunicar. Esta mutabilidad se debe al hecho del progresivo —o regresivo en algunos momentos y para determinados grupos, pero en todo caso siempre móvil— desenvolvimiento del ser humano, a compás del desarrollo de las fuerzas productivas y de las subsiguientes supraestructuras de ellas derivadas. Si no estoy equivocado, hoy se da entre nosotros un desfase entre nuestras exigencias

4. Esta calificación, «dudosas formas de expresión», responde al hecho de que en cualquier caso —hablo a nivel sociológico, que deja siempre a salvo la posibilidad individual (es decir, excepcional) de que la comunicación se verifique más ampliamente— la comunicación interpersonal tiende a ser de meros Yo artificiosos, de personas «sociales», esto es, sujetos que representan su papel en las relaciones de intercambio sociales. (Cf. a este respecto W. McDougall, *An Introduction to social Psychology*, 1908, y George H. Mead, *Espíritu, Persona y Sociedad*, trad. cast. B. Aires, 1953.) El entrecomillado de «sociales» viene a significar, precisamente, la índole de distorsión que el Yo se obliga a efectuar merced a las exigencias impuestas por la estructura del medio. Naturalmente que el Yo se expresa socialmente y es, ante todo, una entidad social. Pero eso es muy distinto de que sea sólo «social», en la medida en que se debe no a la función social que realiza, sino a las exigencias de la «sociedad». Sociedad quiere ahora decir no la comunidad total, sino sólo aquel sector de la misma que representa el poder dirigente, y nuestro Yo es social en la misma medida en que, por decirlo así, vive pendiente de ese sector de la sociedad que se denomina a sí mismo «la sociedad» (como en «ecos de sociedad» y expresiones afines).

de comunicación y las posibilidades —instrumentales o de uso social de los mismos instrumentos— para que la comunicación se verifique. Es por esto que en sentido lato puede afirmarse, como anteriormente hice, que la incomunicación —en forma de comunicación parcial o de comunicación distorsionada— compone el rasgo característico de nuestra actual pauta de conducta. Habría que hablar de cosas de que antes no se hablaba; sería preciso decir lo que con anterioridad no se podía o no se sabía decir. En este sentido, por bajo de la comunicación de lo trivial, de lo baladí, existe un amplio —el más amplio— sector del hombre del que no se habla porque no se puede o no se sabe decir.

¿Cómo se ha adquirido conciencia de ello? ¿Es, en verdad, cierto que el mundo es «el» lenguaje y el límite de mi mundo el de mi propio lenguaje? ¿No se debe hablar, entonces, de aquello que «no puede decirse»? ¿En qué sentido hay que interpretar la proposición «no se puede decir»?[6] ¿Es un no poder efectivo, intrínseco a nuestras actuales posibilidades instrumentales, o, por el contrario, un no poder de hecho, ligado al uso, obligadamente

5. La situación obtenida es de tal naturaleza que, en efecto, no se sabe hablar más que de aquello que es permitido decir. Es curioso que apenas se haya parado mientes en el dato de que un lenguaje bien hecho, concreto, en la cotidianidad, sólo puede efectuarse cuando se habla acerca de lo que no es de uno, es decir, cuando el habla es impersonal. Hablar de uno mismo conlleva, las más de las veces, un tartamudeante decir, que revela el carácter inusual del tema.

6. Parafraseo aquí enunciados finales del *Tractatus Logico-Philosophicus*, de Wittgenstein: 6.53 «No decir nada sino aquello que se puede decir»; 7 «De lo que no se puede hablar, mejor es callarse» (cf. *op. cit.*, edición bilingüe de la «Revista de Occidente», Madrid, 1957). ¿De qué manera pueden ser interpretadas proposiciones como éstas? ¿Es un no poder radical, a modo de límite de posibilidades instrumentales definitivas? O, por el contrario, ¿se trata, más bien, de una limitación no óntica y, valga la expresión, provisional, de estas posibilidades?

limitado, de posibilidades instrumentales, que de suyo darían paso a una más amplia comunicabilidad?

Mi opinión al respecto, que trataré de desarrollar con el suficiente aparato lógico, es que, en la realidad, lenguaje y mundo van íntimamente conexos. El lenguaje surge como necesidad frente a mi mundo, esto es, como forma de dar cuenta de mis propias experiencias del mundo que compone mi habitat.[7] Ahora bien, «mi» mundo es tan sólo la concreción, en una forma posesiva de expresión, de un mundo que por supuesto no es ni mío ni tan sólo mío. Estas formas de expresión, que respondieron a los planteamientos existenciales de un momento por fortuna superado, traducen modos antropomórficos y egocéntricos de aprehensión de la realidad. No obstante, es válido hablar de «mi» o de «nuestro» o de «el» mundo, referido siempre a concreciones estructurales con miras a la intelección de que no hablamos de un mundo abstracto que, por decirlo así, se ofreciese como igual para todos. Todo lo contrario, la reducción del hombre singular a un mundo también singular muestra de qué forma los modos existenciales sólo dejan ver algo de la realidad o, mejor, ésta sólo es vista parcelariamente, concorde con los modos peculiares de estructurarse la realidad en que determinado hombre está. De esta forma el mundo del español es no sólo otro mundo que el del sueco o el del tanala, sino que el lenguaje de unos y otros se adecua, en mayor o menor medida, a los requerimientos de la realidad que se le ofrece. El lenguaje

7. Es así como verosímilmente hay que concebir, dada la situación actual de las investigaciones al respecto, la invención del lenguaje y su desarrollo ulterior, en interdependencia con las necesidades de la realidad concreta. Cf. Ashley MONTAGU, *The Human Revolution*, Cleveland, 1965. Las diferencias de lenguaje se correlacionan con las del habitat, de manera que unas explican a la otra y la otra a la primera.

se presenta así con las limitaciones propias del mundo que ha de inteligirse.[8]

Ahora bien, el desfase entre los requerimientos de la realidad —de una realidad— y la comunicación posible de los sujetos de esa realidad, se debe a lo siguiente: cada estructura social permite implícitamente hablar de determinadas cosas, lo cual supone, en su reverso, la no permisión de hablar de muchas otras cosas. Con ello se consigue, por una parte, la habituación a un uso determinado de len-

8. Nuestras indagaciones en torno al análisis hermenéutico del lenguaje —todavía inéditas, pero a las que no obstante he de hacer referencia más de una vez— nos han mostrado la existencia de una correlación entre la situación de la persona (entendida ésta en su contexto socioeconomicopsicológico) y la aprehensión de la realidad a un nivel determinado. Así puede explicarse que personas con un excelente rendimiento intelectual de carácter abstracto se muestren incapaces para la aprehensión de la realidad misma a nivel instrumental, y a la inversa. De esta forma se comprende la incomunicación existente entre dos personas, en apariencia ambas en el mismo habitat. No es sólo que hablen dos idiomas distintos, sino que estos idiomas distintos son resultado de la captación parcial de la misma realidad a niveles o en sectores diversos. Se habla, pues, *sobre* una misma realidad, de los objetos distintos. Espero en su día mostrar esto con objetividad, gracias a los resultados obtenidos con un test ideado precisamente al respecto.

Me interesa recalcar que esta afirmación que acabo de hacer corresponde a las limitaciones que a cada hombre se le ofrece, aun dentro de una misma cultura. Las culturas son por sí mismas «mundos» peculiares, como he afirmado inmediatamente antes para el español, el sueco o el tanala. «Es importante, dice Montagu, señalar que los significados de las simbolizaciones sólo pueden ser comprendidos por seres que han aprendido a traducirlos, y esto es concretamente lo que cada cultura permite hacer a sus miembros de acuerdo a sus propias especificaciones. De esta forma, todo miembro de una particular cultura está hecho por las costumbres, desarrollado de conformidad con la pauta dominante en esa cultura particular. En consecuencia, la cultura se convierte en el principal medio de adaptación al ambiente del hombre.» (Cf. Ashley MONTAGU, *The Human Revolution*, Cleveland, 1965.)

guaje y la subsiguiente deshabituación de hablar de aquello de lo que también se debería, se podría, se desearía, hablar. De esta forma, se da, en cada estructura social precisa, comunicación a cierto nivel, con la consecuente incomunicación de lo que radica a distintos niveles.[9] En este sentido, podría afirmarse que la contradicción a que antes hemos hecho mención se formularía de la siguiente manera: «Puede haber entendimiento sin que exista comunicación.» Porque el entendimiento sólo exige la comprensión de lo comunicado, mas no que lo comunicado sea *todo* lo comunicable.[10] Pero esta es una situación de conflicto, cualquiera sea el plano en que éste se considere: conflicto macrosocial o conflicto «psicológico», que es también social, aunque microsocial. En el primer caso, el entendimiento no subsana la incomunicación entre las distintas cla-

9. Tiene lugar entonces la coexistencia de una comunicación e incomunicación sincrónicas, de manera que los sujetos dados en la (aparente) misma situación llegan al inentendimiento. Esto es importante. Demuestra que la separación en clases, *status*, grupos y subgrupos en una determinada sociedad, caracterizada por tal compartimentación, lleva consigo indefectiblemente lo siguiente: la comunicación es posible sólo a partir de la abstracción, en la realidad total, de aquellos componentes de ella que se le ofrecen a *sólo* determinados sujetos como *sus* requerimientos, dejando de ver otros, que son visibles no obstante para aquellos que al propio tiempo coexisten con ellos.

10. El uso coloquial de «entendimiento» es muy expresivo a este respecto, en el sentido de búsqueda de acuerdo, de saber lo que se dice sin que se explicite más, de intento de armonía o acuerdo superficial, más allá del cual sería difícil o quizá imposible. Todo ello es especialmente ostensible en su forma reflexiva «entenderse». En esta última acepción, el entendimiento implica alguna suerte de complicidad en la parcial comunicación verificada entre dos personas. Así, por ejemplo, cuando se dice «Juan se entiende con Pepa» o «Juan y Pepa se entienden», se hace notar que hay sólo un entendimiento erótico entre ambos. El «usted me entiende» comporta también que en esto que ahora digo —y sólo en esto— me comprende ese otro, sin que en otro orden la comunicación restante tenga que posibilitarse.

ses ni incluso entre los distintos estamentos que componen la sociedad en su conjunto (comunidad). En el segundo, el entendimiento no supera la necesidad de comunicación entre un hombre y otro hombre, porque el entendimiento (que es comunicación también, por supuesto) sólo puede plantear el modo de relación interpersonal a nivel apersonal, esto es, en la tangente del Yo de cada cual.

De una u otra forma, el conflicto aparece porque el entendimiento no conlleva a la necesaria interpenetración que en un momento determinado puede plantearse como exigitiva. La necesidad surge cuando se adquiere conciencia de que tales instancias requieren ser satisfechas, y pueden ser satisfechas, aun a costa de la exteriorización del conflicto. Pues el conflicto se expresa —lo mismo en forma de lucha de clases que en forma de exigencia individual— cuando se toma conciencia de que esa forma de parcial comunicación, que hemos llamado mero entendimiento, no basta, y que son precisas cualesquiera otras, inclusive la agresión, si, por otro medio, la comunicación no es factible. La agresión puede ser la forma única de hacer que la comunicación se establezca, aunque sea a costa de la destrucción de aquello o aquellos que obstaculizan el proceso de satisfacción de esa necesidad que ahora emerge como imperiosa.[11]

11. La agresión no es aquí, naturalmente, una forma de comunicación entre el agresor y el agredido, como la que tiene lugar en la relación complementaria entre dos, uno de ellos con pautas de conducta sádicas, el otro, masoquistas, que es una forma de dependencia y de comunicación sólo posible a través de la relación agresor-agredido. En el sentido en que aquí postulo la agresión, como forma de hacer factible la comunicación, se trata de la supresión del obstáculo que hace posible no la comunicación entre el agresor y el agredido, sino entre los agresores. La agresión rompe así, al eliminar el obstáculo, el seudoequilibrio de una comunidad, mantenido en el mero entendimiento, cuando una buena parte de los que componen la estructura so-

Quedamos, pues, en que el entendimiento es una forma de hablar, de comunicarse, en el plano de lo permisible. Pero la consideración de que tal entendimiento comporta la necesaria limitación en el hablar nos lleva de immediato a inferir la existencia de una situación —una estructura social, en la que el hombre aparece ubicado— en la cual alguien o algunos permiten hablar, mientras a otro o a otros les es permitido hablar dentro de los límites que los primeros imponen. He aquí, por tanto, la aparición del desfase o de la asincronía entre las exigencias de unos y la tolerancia de otros. Sólo cuando el entendimiento, por parcial que sea, se posibilita entre los componentes de un mismo grupo, el entendimiento basta para las necesidades del mismo. En tal caso se habla de lo permitido por el mismo grupo y todos convienen en que no es preciso decir más que lo que de antemano se sabe que se puede decir. Pero una sociedad como la nuestra es cualquiera cosa menos una homogeneidad y en ella conviven simultáneamente grupos diversos, cuyas necesidades (que se traducen en necesidades de hablar) son, a su vez, varias. El que, por tanto, dentro de otros grupos se pueda decir mucho más no significa, en modo alguno, que se pueda hablar *para fuera* del grupo a que se pertenece. La comunicación en la sociedad como conjunto no se establece por el hecho de que en determinados grupos lo permitido sea mucho, sino por el hecho de que, al propio tiempo, eso de que se habla pueda ser dicho *por fuera* del grupo y para los otros grupos. A nivel personal ello se ve sumamente claro: para la comunicación entre A y B, no basta decir sólo lo que A permita a B y B

---

cial exigen la ruptura de ésta y se obligan a prescindir de elementos de ella (los agredidos) que hasta entonces han hecho imposible la comunicación que se precisa.

permita a A. Con solo la dicción de lo permisible se obtiene esa forma, seguramente falsa en todos los casos, que el mero entendimiento implica. A entiende lo que le dice B, y, a su vez, B entiende lo que le dice A. Pero cualquiera de ellos puede sentir la necesidad de decir más y en este sentido no es suficiente para satisfacerse la consideración de que podría decírselo a sí mismo. La «necesidad de» es un predicado del sujeto, que, como tal, trasciende del sujeto para objetivarse en la realidad en la cual están, con él, otros muchos sujetos. Por tanto, si la necesidad emerge, como he dicho, no es bastante con el «sabría decírmelo» o «podría decírmelo», sino con el «debería poder decirlo» (al otro).

Ello significa que el uso habitual del lenguaje que compone lo que hemos llamado mero entendimiento no satisface la necesidad de comunicación y, en consecuencia, por bajo de él, la incomunicación prosigue. Y, tras la incomunicación, el aislamiento, del grupo frente a otros grupos, o bien del hombre en su singularidad frente a otro hombre.

La cuestión, por otra parte, es más complicada y es preciso atender a los diferentes matices de la misma. Hemos hablado de los círculos lingüísticos de cada grupo como lenguaje permitido y permisible. Naturalmente, no se trata de que haya una formulación explícita acerca de qué cosas son decibles y cuáles no. La permisión es en todo caso implícita. Hay que saber, mejor, aprender, qué cosas son las que se pueden decir y cuáles no. Aquel que habla —porque quiere o porque no sabe que de eso no puede hablar— de lo no tolerado, se expone a la inaceptación como elemento del grupo al que hasta entonces pertenecía. Su hablar está denunciando ante los otros su disconformidad con su grupo. En ocasiones no se trata ni tan siquiera de que hable de cosas que el grupo conviene en que no se deben decir. Basta, simplemente, con que hable de cosas que en sí son permisibles, pero que las haga *de modo distinto* al usual modo del grupo. Las normas del grupo se extienden a todos los aspectos del decir: desde el tema hasta la forma. Cada grupo se aísla más y más de los demás grupos por la retroalimentación que hace de sus propias normas, haciéndolas cada vez «más suyas», hasta el punto de que, en determinados momentos del desarrollo histórico de la sociedad, no se puede decir que hay un lenguaje sino lenguajes, que se hablan simultáneamente en la misma comunidad. La situación puede llegar a ser tan crítica que la inteligibilidad no se produzca porque en realidad, como en el lenguaje coloquial se dice, unos y otros hablamos «distintos idiomas».[12]

Cuando la transgresión de lo permisible se lleva a cabo puede haber un rechazo activo de ese miembro del grupo, o de ese grupo, miembro a su vez de la comunidad, que la ha hecho posible. La comunicación esbozada se bloquea y el miembro del grupo es advertido de que «eso no se puede decir», o al grupo transgresor se le reprime abiertamente en su expresión. Pero las más de las veces —y esto es válido especialmente para la situación individual— se trata, sobre todo en un primer momento, de un rechazo pasivo: «¿De qué habla?», «¿Qué es lo que está hablando?» Son los otros los que con su presumida

12. La expresión «idiomas distintos» es inexacta, y se usa en el lenguaje coloquial cuando dos personas que hablan, por supuesto, el mismo idioma, no se entienden sin embargo. En verdad lo que ocurre —según hemos podido mostrar en nuestras investigaciones al respecto, a las que he hecho mención en una nota anterior— es que hablan de dos objetos distintos. Pero, ¿cómo es posible tal cosa, si en todo caso se refieren a la misma realidad? Según los datos que poseo, ante una misma realidad los sujetos se sitúan de forma tal que cada uno aprehende un distinto nivel de esa misma realidad, de modo que en el fondo el resultado es idéntico al «diálogo de sordos» que se posibilitaría aludiendo cada cual a dos objetos de la realidad o a dos realidades.

perplejidad advierten tácitamente de que lo que habla no es permisible, y al sujeto sólo se le ofrece la opción de callar ante la imposibilidad de que algo más que el epidérmico entendimiento pueda tener lugar entre aquellos que son como él mismo. Socialmente la comunicación no es aceptada, y si, a pesar de todo, se intenta imponer, entonces es concebida como «impertinencia», o bien como «una pesadez», o con la supuesta existencia de una intención que no se comprende: «¿Qué busca con...?» De esta forma, se cierra el círculo de sus posibilidades de hablar de cualquiera otra cosa que no sea lo permisible, y la necesidad de comunicación queda, una vez más, insatisfecha.[13]

La incomunicación, expresión de la «anomia»

El lenguaje al uso sirve entonces, pues, no para la cada vez más perfecta comunicación intergrupal o interpersonal, sino para el mantenimiento del statu quo, es decir, la perpetuación del «entendimiento» ya preexistente. La consecuencia de ello es el aislamiento —cualquiera sea el nivel a que ahora nos refiramos— y la desintegración. Una sociedad que habla sólo de aquello que se permite entender, que no hace esfuerzo alguno por convertir ese entendimiento en más y mayor entendimiento, esto es, en la ulterior mutación, forzosamente comporta la desintegración de los elementos constitutivos de la misma. Ni siquiera se puede esperar que en la interiori-

13. Observación análoga en Simone de Beauvoir: «Hay que mezclarse lo menos posible, usar la discreción a fin de ahorrarse responsabilidades inútiles. No dar demasiados consejos: podrían ser reprochados. No hacer demasiados servicios: no serán agradecidos, tal vez irritarán. Tal es la manera habitual en que la gente considera sus relaciones con el prójimo.» (S. DE BEAUVOIR, *L'existencialisme et la sagesse des nations*, París.)

dad del grupo los elementos que lo componen —las personas— dejen de estar aislados. Porque el aislamiento de que hablamos no implica el que, de alguna manera, los grupos entre sí se relacionen. Los grupos se insularían si se pudiera garantizar que todos los elementos de los mismos se bastan para satisfacerse recíprocamente. Pero ello implicaría una situación que de hecho no es real. Con anterioridad hemos hablado de que, en los modos de relación social, hay grupos que permiten hablar y otros que se obligan a hablar de sólo lo permitido. A los primeros les llamamos opresores; a los segundos, oprimidos. Esto entraña una diferencia categorial entre, cuando menos, estos dos grupos sustanciales constituyentes de nuestro ámbito social. Hay muchos más, que ahora, en esta primera aproximación, forzosamente esquemática y reduccionista, no interesa detectar. Pero esta simple diferencia categorial nos acerca a la dinámica entre uno y otro grupo, de forma que, luego, se nos haga más inteligible el proceso conjunto, una vez que hagamos intervenir a grupos más matizados. Mientras el grupo opresor puede adquirir la falsa conciencia de su autosuficiencia, a través de la posesión del poder sobre los otros, también en el grupo oprimido hay la falsa conciencia de que aquéllos —los opresores— son autosuficientes y, en consecuencia, en muchos de los componentes del grupo no se puede garantizar que, de vez en vez, aparezcan actitudes que le desliguen de su grupo oprimido, como una instancia al trasvase de él mismo en dirección hacia el grupo opresor o dirigente. Se hará bien en calificar tales actitudes de burguesas o pequeñoburguesas, si realmente responden a los esquemas estructurales que con tales denominaciones se pretende. Pero no son solamente estos tipos de actitud. Hay también otras, que responden a posturas miméticas, a la tendencia a desligarse del grupo con miras a la disminución de la coacción que sobre él se experimenta, a la asunción de, incluso, actitudes del otro grupo, que se ven ahora como en alguna medida «justificadas», etc. Quiere esto decir, que en modo alguno el aislamiento de cada grupo reporta el cierre total, si bien ciertamente las posibles aperturas no van encaminadas a reales comunicaciones, sino a posiciones inauténticas de mera aspiración. Muchos de los que componen el grupo oprimido están en él no por la autoconciencia de la justeza de su actitud, sino por la imposibilidad actual de estar dentro del grupo de los opresores. En aquellas situaciones sociales de prolongado inmovilismo, en la que el grupo dirigente es siempre el mismo, se tiene ocasión de observar cómo de vez en cuando este mismo se enriquece con la adquisición de nuevos miembros, procedentes de grupos marginados hasta entonces. Esta fluencia es más difícil de ver en aquellas estructuras sociales en las que la movilidad es mayor, porque en tal caso los grupos aspirantes, o los miembros aspirantes a adherirse al grupo dirigente, no tienen por qué subsumirse en compartimentos herméticos, ni viven su estancia en la comunidad como una forma opresiva, sino como una transición —que puede superarse o no— hacia la pertenencia al grupo opresor. Hay toda suerte de matizadas pautas de conducta que deben observarse con el máximo distanciamiento, si se quiere obtener una lúcida captación de la dinámica de los grupos en una determinada estructura social. Viéndolas así, se alcanza a vislumbrar cómo los cambios de actitudes de un grupo, o de alguno de sus miembros individuales, se han de acompañar, forzosamente, de una modificación de la conciencia de sí, que ha de ir con todo género de racionalizaciones que para sí mismo se expliquen y justifiquen.

En última instancia, cualquiera estructura social caracterizada por la presencia fundamental de un (o unos) grupo dirigente y un (o unos) grupo dirigido, ha de conformarse de acuerdo a pautas disgregadoras, descohesivas. Esta es la *anomia*. La conducta anómica es una pauta de comportamiento relativamente uniforme, suscitada con carácter inmediato por una estructura social competitiva (pasajera o permanentemente) y que conlleva la disociación entre las aspiraciones manifiestas y las aspiraciones latentes. En una estructura anómica, las normas del grupo son aceptadas formalmente, pero, en tanto suponen una coartación de las aspiraciones latentes, se está dispuesto a marginarlas solapadamente para así conseguir, al fin, el objetivo reservadamente propuesto.[14]

La estructura anómica no es, pues, una estructura abiertamente competitiva, declaradamente competitiva. No se puede negar que hay quien lo declara así, pero no siempre se acompaña de la consideración de que tal estructura social es fundamentalmente defectuosa. Casos tales, por demás frecuentes en la sociedad norteamericana, señalan el carácter radical de la competencia como forma de vida, pero cuidan de aderezarla con un juicio positivo de valor (sin por eso olvidar —olvidarlo sería demasiado burdo— que hay quien perece en el camino, pero, eso sí, como un accidente obligado de la vida misma). La estructura anómica tiene la virtud de contar con sus ideólogos, que suministran todo género de seudoargumentos para interpretar lo positivo de la competencia y el carácter asimismo positivo que, en orden a la realización personal, la constante emulación supone. La verdad es que a tales ideólogos no se les alcanza que una posible consecuencia de la estructura anómica sea el incremento, cada vez más alarmante, de la tasa de suicidios, de la delincuencia (y de su correlato, el índice, cada vez más

14. Cf. a este respecto el importante trabajo de MERTON, *Estructura social y Anomia*, en *Teoría y Estructura Sociales*, trad. cast. México, 1964, y también su aportación al simposio de CLINARD, *Anomie, Anomy and social Interaction*. (Véase *infra*, nota 16.)

acentuado, de la delincuencia juvenil y el comienzo cada vez más precoz de la conducta delictiva), del alcoholismo y las toxicomanías, así como el alto grado de neurotización alcanzado entre los miembros del *welfarestate*. Cualquiera de estas pautas de conducta están de inmediato ligadas a la dinámica de la sociedad y a los modos de producción en ella vigentes. El carácter competitivo de los mismos penetra —y ello es lo esencial, respecto del tema de que tratamos— en los grupos y en los componentes de cada uno de ellos impidiendo la cohesión profunda interpersonal. Esta fue la, por muchos conceptos, genial visión de Durkheim, a saber, que cuando la competencia existe se da la anomia como rasgo generalizado de comportamiento. Nadie se liga profundamente a nadie, porque en último término es un potencial competidor. Curiosamente, la anomia es disolvente de la lucha de los grandes grupos entre sí, y la lucha de clases, por ejemplo, deja de tener relevancia, por cuanto cada uno de los grupos oprimidos prefiere luchar desde sus propias aspiraciones no para conseguir la superación de la estructura anómica en su conjunto, sino para obtener, para ellos mismos, un puesto entre los grupos opresores. La anomia subyacente conduce necesariamente a la despolitización y a la no conciencia de la alienación en cada elemento de la sociedad dada.[15] Y, al propio tiempo, a la latente disgregación de los grupos e individuos, que, bajo el respeto de un cierto *fair play*, oscuramente pugnan entre sí a todos los nive-

15. Sobre esta cuestión se ha llamado la atención pocas veces. Pero a mí me parece una consecuencia lógica de una situación anómica el que la obligada aceptación de la norma, con miras a la obtención de logros dentro de un sistema social inmovilista, provoque, a través del aislamiento, la despolitización. Porque estar politizado, en la acepción más pura del vocablo, no en la acepción falseada del mismo, es una incomodidad para los conformistas del poder, puesto que autobloquea la consecución de tales objetivos.

les.[16] El tecnocratismo, por ejemplo, ha sido una de las consecuencias de la extensión de las pautas de conducta competitivas. Porque el tecnócrata accede a la competencia desde su suficiencia en cualquier esfera del saber y del hacer tecnológicos. Pero ese saber exige cada vez mayor compartimentación, de lo contrario se pierde en la dispersión del saber sobre otros compartimentos. La forma de obtención del logro —el éxito, que es éxito económico— sólo puede posibilitarse a expensas de la consecución de un saber-más-que-el-otro, de manera que él, portador de ese saber, resulte a la larga insustituible (para la empresa, la sociedad, etc.). Por eso, el mismo Durkheim advirtió que la división del trabajo social, tal y como se desenvolvía ya en su propio tiempo, conducía a la anomia.[17] La perfecta adecuación a la división del trabajo exige, claro está, que esa división misma se perpetúe en todas las demás esferas de la actividad del tecnócrata. De esta forma, ni incluso en su vida privada puede dejar de ser el que ha llegado a ser, entre otras cosas porque su suficiencia técnica misma le hace ser obligadamente insuficiente en cualquiera otro ámbito.[18] En la sociedad de con-

16. La evolución del concepto de anomia, que ha ido consecuente con la indagación de la conducta anómica en las distintas estructuras sociales, ha enriquecido el primitivo concepto de la misma que estableciera Durkheim. Cf. a este respecto el trabajo de conjunto de Yuste GRIJALBA (*Anomia. Un concepto sociológico clave en la higiene mental.* R. San. Hig. Pub. XLI, oct., nov., dic., 1967) y el simposio editado por CLINARD, *Anomia and Deviant Behavior*, Londres, 1954.

17. Cf. DURKHEIM, *La divisiòn du travail social.* París, reedición de 1960. Recordemos que K. Marx en 1844 hacía recabar a la división del trabajo el ser «la expresión económica del carácter social de la enajenación» (cf. MARX, *Manuscritos economicofilosóficos de 1844*, trad. cast. Madrid, 1968, Tercer manuscrito). Lo interesante a este respecto es que para Marx es simple expresión, no, como en Durkheim, causa.

18. De aquí la frecuente corroboración de la idiotización del tecnócrata fuera de su propio ámbito, y que concluye

sumo el trabajador se ha convertido en tecnócrata, que no es sino una forma supercualificada de trabajo alienado, y, conforme a las aseveraciones clásicas, la alienación en el trabajo —independientemente del rango del trabajo mismo y del trabajador— penetra, en una última etapa, hasta devenir en alienación de la vida entera.[19] Es por esto por lo que a la estructura capitalista y neocapitalista se le puede inculpar de haber conseguido el más alto desarrollo de la *hominización,* simultáneamente con una asincronía respecto de la *humanización* lograda.[20] Es más,

---

con la limitación del horizonte intelectual incluso en el mismo territorio que cultiva. Parece como si de la inteligencia no se hiciera uso más que en la esfera de aquello de que ya se sabe. Sería importante estudiar por otra parte la posible correlación existente entre aquellas escuelas psicológicas que hacen de la inteligencia una adición de factores parcelarios, frente a las que han seguido aferradas a la concepción de la inteligencia como un rendimiento global. Quizá ello nos pusiera de manifiesto cómo la investigación científica, en apariencia menos condicionada, está determinada por una ideología y ésta, a su vez, como se sabe, por las condiciones objetivas del científico mismo que le determinan como sujeto social.

Robert MUSIL, en *El hombre sin Atributos,* trad. cast. Barcelona, 1969, ha hecho una irónica, pero veraz, descripción de esta idiotización del tecnócrata: «Es difícil decir por qué los ingenieros no son como les corresponde... ¿Por qué están construidos sus trajes como los elementos de un automóvil? ¿Por qué, sobre todo, apenas hablan de otra cosa que de su profesión? Y si hablan de otro asunto, ¿por qué lo hacen de un modo tan rígido, raro, externo, sin correlación, y hacia dentro no penetra más allá de la epiglotis? Esto no es naturalmente aplicable a todos, pero sí a muchos... Se mostraban apegados a sus tableros, amantes de su oficio, poseedores de una habilidad admirable; pero la insinuación de aplicar las audacias de sus pensamientos a sí mismos, en lugar de destinarlos a las máquinas, la hubieran considerado como la posibilidad de hacer con un martillo una monstruosa arma homicida.»

19. ¿Habrá que decir que la alienación en el trabajo no se subsana por el hecho de que no exista conciencia de la proletarización del mismo?

20. Un trabajo alienado, pero de rango elevado, bien por

el grado de hominización obtenido ha mixtificado las formas de lucha por la existencia, que en cierto sentido implican hoy mayor deshumanización. Piénsese que una concepción como la cristiana podía postular la caridad a nivel individual como contestación a las condiciones de vida impuestas por la primitiva clase dirigente. Al margen de que la historia misma haya hecho ostensible la inviabilidad del procedimiento, no cabe duda de que en su momento histórico representó la única forma posible de subvenir a determinadas soluciones de compromiso y en este sentido entrañó, por entonces, alguna suerte de positividad. Lo positivo estaba, a mi juicio, en que (al margen de la utilización ulterior del propio pensamiento cristiano al servicio del poder establecido) venía a suministrar una forma de conciencia del hombre como hombre, aun partiendo del hombre como un ser desvalido y como criatura. De alguna forma, este pensamiento supuso un hito, no en la hominización, pero sí en la humanización, si no se quiere simplificar nuestra perspectiva histórica viendo toda ella bajo el prisma del hombre de hoy.[21]

---

su alto coste, bien por la excelsa tarea que se realice, miserabiliza, aunque de otro modo, desde luego, a aquel otro trabajo que ni siquiera da para subsistir o para subvenir a las necesidades más elementales.

21. No en la hominización, advierto, porque al ser el cristianismo doctrina de la pobreza y de la individuación —salvación personal— llevaba consigo, en su primitiva concepción, el freno para el desenvolvimiento del hombre como especie, que forzosamente ha de hacerse mediante el desarrollo del hombre en comunidad. Me estoy refiriendo al cristianismo primitivo. Por tanto, esta afirmación no se contradice con que, con posterioridad, una de las formas evolutivas del mismo —el protestantismo ascético, calvinista— haya dado lugar al capitalismo en el sentir de Max Weber. La posición de Fanfani no difiere en el fondo de la de Weber cuando advierte que también el catolicismo hizo posible la forma naciente de capitalismo en el Renacimiento (A. FANFANI, *Catolicismo y Protestantismo en la Génesis del Capitalismo*, trad. cast. Madrid, 1953). Véase las aposti-

Disociación ética

Si el tecnocratismo —que, por lo demás, ha sido utilizado por nosotros como paradigma— muestra un tipo de vida en el que la conducta tecnocrática absorbe progresivamente cualesquiera otras características de la persona, tal observación puede, sin excesivo riesgo, generalizarse. Es factible llevar a las últimas consecuencias las formas obligadamente disociativas a que aboca una estructura social anómica. Me interesa —ahora que nos ocupamos estrictamente de la correlación sociedad - incomunicación— hacer ver de qué manera esta absorción de la persona por los fines impuestos llega a verificarse. Quizá la más expresiva esfera sea, en este sentido, la de la ética, que ahora enfocaremos en el aspecto sociológico.

¿De qué índole es, en una perspectiva sociológica, el comportamiento ético? Señalemos, en primer lugar, el carácter disociado de la misma. Por una parte, hay, por decirlo así, una formulación ética. En la práctica —es decir, bajo una consideración sociológica— nadie, en nuestra sociedad burguesa, es capaz de sostener una ética relativista, anormativa, sino todo lo contrario: los valores son dados como absolutos y, es más, como encarnados en las personas y las cosas, a modo de cualidades de ambas.[22] La

llas críticas de McClelland en *The Achieving Society*, N. Jersey, 1961.

22. La axiología objetivista, que parte de la consideración de los valores como cualidades de los objetos, y por tanto a éstos como portadores de los mismos (sean objetos propiamente dichos, sean acciones que han de derivar en objetivaciones), es uno de los ingredientes de la ideología burguesa.

Contrariamente, la axiología relativista es el resultado de una subversión —a veces parcial— que se verifica en esta concepción del mundo. Pero en la ideología burguesa no sólo se mantiene el absolutismo de los valores, sino que se manipula con ellos. De esta forma, en la literatura y el cine típicamente burgueses, los hombres aparecen como só-

ética formulada es una ética estricta y abstracta, de valores muy precisos, en general fácil de asimilar y cuya aceptación como norma es acogida sin excesiva oposición. Este tipo de ética meramente formulada es dada por todos a todos, y constituye el modo sociológicamente relevante como la normatividad se aprehende. Pero es dada de persona a persona, por ejemplo de padres a hijos, de maestro a discípulo, como ley promulgada a y para el ciudadano. Si la expresión es adecuada, se trata en todo caso de una sugerencia ética que se ofrece para sí mismo, para un uso particular. No es que en circunstancia alguna esta normatividad no rija. Todo lo contrario, se aduce, sobre todo a partir de la comprobación de su transgresión notoria, cada vez que se pone en crisis la relación de un miembro con los restantes del microgrupo familiar o social. La crítica simplificadora ha hecho hincapié en que la ética formulada por la sociedad burguesa no es en momento alguno practicada. Pero esto es falso. Esas formulaciones sirven, estan ahí, a la espalda de cada cual, cada vez que de ellas puede valerse para la adopción de una conducta de rechazo para con un determinado miembro del grupo. El grupo es precisamente muy celoso del incumplimiento de tales normas por alguno de sus miembros, con vistas a la posible utilización de ese incumplimiento en función del castigo, que es el apartamiento del mismo. En el llamado «espíritu de cuerpo» este celo por el cumplimiento de las normas del grupo es evidente. Pero cabe preguntar-

lidamente «buenos» o «malos», en todo caso de una sola pieza, para así ejemplarizar los valores y los disvalores en concretas personas y cosas. Por supuesto tal falseamiento de la realidad no se percibe y el espectador o el lector internalizan así la ética absoluta que se le insufla. El cine de consumo exige el que buenos y malos sean nítidamente expuestos, cuando menos en las secuencias finales (no en las anteriores, para así constituirse en una añagaza técnica más que mantenga el interés por la complejidad que luego se simplifica).

se el porqué de esta actitud por parte del grupo, cuando —como se verá con posterioridad— todos convienen en algún momento en que tales normas son meramente formales y que nada tienen que ver con la conducta total. La respuesta, a mi parecer, es la siguiente: esta ética formulada es una ética formal. El grupo debe regirse por el cumplimiento de las formas, o sea por el cumplimiento estricto de los modos de las normas, más que por las normas mismas. Ahora bien, el incumplimiento de tales formas y modos por uno de los miembros afecta a la totalidad del grupo, en orden a la función que éste desempeña en sus relaciones con los grupos restantes. Así, un juez que caminara por nuestras aceras en mangas de camisa sería censurado, en apariencia por él mismo, como cuidado de los demás por su mero prestigio. Pero la virulencia de la censura hace sospechosa la verosimilitud de la argumentación aducida. Esta hace pensar que más bien son los que censuran los que se sienten en riesgo de ser desprestigiados a través del «mal papel» que ese miembro aislado les puede hacer representar en el conjunto de la comunidad.

Estas éticas formales que se inducen de persona a persona son, por la impracticabilidad de fondo que suponen, reducidas a meras formas éticas, a simple cubrir la apariencia, a sabiendas, todos, de que no pueden servir para otra cosa. Por eso, en segundo lugar, hay una ética práctica, mucho más relajada, que debe llevarse a cabo porque «el mundo es así», si bien cuidando al propio tiempo las formas y los modos. Esta relajación ética práctica debe, por tanto, ser sutilmente utilizada, en modo alguno de manera ostensible. Nadie puede reprochar a nadie el que un cierto grado de «flexibilidad» es indispensable para la obtención de determinados logros. Lo que es exigitivo es su ocultación.[23] De esta forma, la diso-

23. De aquí el que se reproche muchas veces no la ma-

ciación de los comportamientos éticos es, a su vez, tanto resultado de la dicotomía entre fines propuestos y fines posibles, como la forma única de obtención del logro mediante la ocultación de los medios utilizados. Cualquiera que esté suficientemente avisado ha podido sorprender la cuidadosa ocultación de la *praxis* que, por ejemplo, un padre lleva a cabo en el seno de su vida familiar, precisamente allí donde él mismo se ha de esforzar porque no se le sorprenda en su disociación entre el decir y el hacer, ahora que yace entregado a la tarea de inducción de «sus» valores en sus hijos. El extremo de esta disociación se verifica en la actitud puritana —que, por supuesto, no es exclusiva de los puritanos—, en la que, tras la adecuación a la norma, puede esconderse toda suerte de relajaciones (y de aberraciones subsiguientes) en la misma esfera en donde, privadamente, rige la formulación ética más estricta.[24] La

---

la conducta —¿quién puede tirar la primera piedra?—, sino el «escándalo», la falta de consideración ante la «respetabilidad de los demás».

24. La aberración es consecuencia de la represión en el sentido más amplio del término (como represión ante sí mismo, como represión ante los demás). El voyeurismo, el fetichismo, la masturbación, etc., son formas ocultas, pero aberradas, de dar paso a la instancia erótica que pugna por satisfacerse. La aberración se ofrece así como el resultado de la erogenización de todo o de una parte, a expensas de la imposibilidad de satisfacción de la instancia erótica «normalizada». De este modo se explica el que la mayor liberalización en las actividades sexuales de las nuevas generaciones haya comportado una disminución de la conducta aberrada. La comprensión de los casos de aberración sexual se hace hoy (Bürger-Prinz, Gisse, nosotros mismos) bajo otras premisas: por ejemplo, yo he tenido ocasión de analizar detenidamente dos casos de impotencia sexual, uno de los cuales sólo podía superarla si y cuando la relación erótica se verificaba con menores, de forma que la dominación sobre el *partenaire* fuese factible; en otro, la impotencia aparecía sólo cuando el *partenaire* ofrecía la seguridad que determinadas cualidades estéticas le deparaban, y, en consecuencia, la impotencia sólo era superada

moral sexual burguesa, la moral del dinero de tipo burgués, para citar tan sólo dos pautas muy comunes de este comportamiento, componen la imagen especular de la *praxis* erótica y dineraria que al mismo tiempo se realiza. La caridad y otras formas más evolucionadas de la misma, como la filantropía, se hacen compatibles con el fraude y el agiotismo. La más ferviente apología de la institucionalización de la pareja se verifica junto a la comprensiva aceptación y práctica de la prostitución.

Competencia e ideal del Yo

Esta disociación ética que en cada persona se verifica es expresión, en ella, de la disociación preexistente en la condición social. Cada vez se está más concorde en reconocer que las pautas de conducta de un individuo son procesos que se producen en él, pero que proceden de los esquemas que rigen como pautas sociales, esto es, de la comunidad.[25] En este sentido, la conducta anómica es la forma final de un proceso competitivo que se inicia por fuera del sujeto y que éste se ve obligado a aceptar, a sabiendas o sin saberlo, como forma única de supervivir en el sistema. Tómese la expresión supervivir en su acepción más amplia, como vivir en y con el sis-

---

cuando la relación erótica podía ser mantenida con una mujer de (en el sentir del grupo) escaso atractivo físico, de manera que se situaba por debajo de él. Quien desee un conocimiento actualizado de estos problemas deberá consultar, entre otros, los siguientes trabajos de BÜRGER-PRINZ: *Zur Phenomenologie des Transvestismus bei Männern* (en colab. con ALBRECHT y GISSE) en «Beitrage z. Sexualforschung», III, 7, 1953, y también, *Über die männliche Sexualität*, «Zeit. f. Sexualforschung», 1, 1950. Una exposición de conjunto bajo perspectivas interesantes en este contexto en SCHELSKY, *Soziologie der Sexualität*, Rowolt Verlag, Hamburgo, 1955.

25. Cf. PARSONS, *El Sistema Social*, trad. cast. Madrid, 1966.

tema (no en y contra él), como prosperar en el sistema, como simple adaptarse a él, etc. Sería absurdo pretender que el sistema adopta la competencia como ideal del Yo. Hay toda una serie de racionalizaciones al respecto que cuidan de ocultar el carácter destructivo de la competencia, con miras a resaltar la positividad de la «emulación». Este vocablo no es sino un eufemismo que de vez en vez se aduce como una especie de instancia radical del ser humano sin la cual no hubiera llegado a ser lo que es, cuidando, ciertamente, de precisar nada más aquello que de positivo tiene lo conseguido.[26]

Ahora bien, bajo una forma abierta o mixtificada, es lo cierto que el adiestramiento en la competencia es justificado como requisito indispensable para la obtención del logro. Este aprendizaje se lleva a cabo con una cierta ocultación de las formas y es entonces cuando se precisa el logro como ideal del Yo, pero como un ideal que en modo alguno está divorciado de la práctica. Hay que reconocer que en una estructura anómica hay que proponer como ideal del Yo un esquema de conducta que sea útil en orden a lo que hemos llamado supervivencia. Hay que atender, pues, a lo que en una estructura social de esta índole significa realmente supervivir, y el carácter de necesidad que reviste ese ideal del Yo.

Supervivir no es sólo obtener aquello que nos permita vivir en este momento. Ese sería el concepto válido para un náufrago. Supervivir entre nosotros significa hacer de modo que se asegure por sí mismo las dos cosas siguientes: *a*) el vivir futuro; *b*) el vivir mejor. Es preciso subrayar una vez más el hecho de que tales ideales del Yo responden a exigen-

26. Muy expresivas a este respecto son las respuestas dadas por estudiantes universitarios ambiciosos, recogidas por los sociólogos Rosenberg, Suchmann y R. K. Goldsen (en *Occupations and Values,* Nueva York, 1957), en las que hacen hincapié en que no es posible permitirse escrúpulos frente a los medios.

cias de la estructura anomicocompetitiva. Es decir, que son ideales prácticos del Yo. No hay que confundir el «ideal del Yo» con el «Yo ideal».[27] De acuerdo con lo anteriormente dicho acerca de la disociación eticoburguesa, el ideal del Yo es netamente pragmático, y comprende la totalidad de los fines propuestos y las normas que hay que cumplir (o que han de aparecer como cumplidas) para su obtención. Mientras que el Yo ideal de esa misma ética burguesa lo compone la serie de normas abstractas, a las cuales *se debería* aspirar y las cuales —según se dice— se podrían aplicar si, de pronto, todos nos lo propusiéramos. Los llamados hombres ejemplares[28] están ahí precisamente para que nos den pie a la constante afirmación de que tales Yo ideales son factibles también entre nosotros. Y al mismo tiempo que nos deparan alguna mala conciencia por el hecho de no imitarlos, nos son útiles para justificar el sistema, aunque no nuestra personal conducta (que, por otra parte, se justifica también por

27. Estas denominaciones las recojo de la metapsicología freudiana. Cf. FREUD, *Ob. Comp.* Madrid, 1948. I. Para más detalles, ver también NUNBERG, *Teoría general de las Neurosis basada en la Psicoanálisis,* trad. cast. Barcelona, 1937.

28. Sobre la falacia escondida tras la titulación de ejemplar a determinado hombre perteneciente a un preciso grupo social, véase mi libro *La Culpa,* Madrid, 1968. El hombre ejemplar cumple para el grupo un doble cometido, en un juego recíproco entre él y su grupo mismo. Por una parte, resulta gratificador para el propio grupo al cual el hombre ejemplar pertenece, puesto que lo aduce como espécimen frente a los grupos (rivales) restantes, ya que siendo del grupo ha hecho posible la encarnación en él de todas las virtudes sin ninguno de los defectos. Por eso la ejemplarización conlleva la mitificación, en la cual incluso se esconden los posibles defectos del personaje en cuestión. Pero también el hombre ejemplar cumple, por otro lado, el cometido de ser reflejo de la mala conciencia del grupo que no le sigue en su ejemplaridad, dándose así la paradoja de que el hombre que llamamos ejemplar no sirve para ser imitado.

el autorreconocimiento de que no todos somos héroes, de que la naturaleza humana es débil, etc.).

Por tanto, supervivir exige, en cada presente, la instancia a competir cara al futuro, porque nuestro futuro depende —y ello es cierto en una sociedad capitalista o que se dispone a serlo— exclusivamente de nosotros. Pero dado que el futuro es imprecisable, la instancia a supervivir en él no puede ser contenida en una formulación precisa, cual sería la de considerar que ya tengo lo suficiente. Quien así pensara sabría de su futuro y nos aparecería como iluso. Sabemos de nuestras necesidades de ahora, no de las necesidades que el futuro nos ha de deparar. De esta forma, la perspectiva sobre las necesidades futuras se nos aparece como imprecisa, y, por tanto, como no son necesidades reales —son necesidades que nos imaginamos, es decir, imaginarias—, no pueden ser satisfechas. ¿Qué ocurre entonces?

La imprecisión sobre esa necesidad irreal que es nuestro futuro se intenta cubrir con un plus que asegure su satisfacción por exceso en el día de mañana. Sería un error quedarnos cortos, pues, en nuestras aspiraciones de hoy, porque de ello se derivaría el que, con la mayor probabilidad, no alcanzarían a cubrir nuestro futuro, que se nos presenta, no sólo impreciso, sino, por ello mismo, amenazador.[29] De esta forma, la pauta de conducta que apa-

29. La inseguridad ante el futuro representa el móvil para la ambición, que se disfraza de «legítima» y «justificada» aspiración. Por esto, quien siente angustiosamente esta inseguridad muestra de modo inagotable su ansia de posesión. La avaricia, en el orden económico, la insaciable necesidad de poder, remiten en última instancia a la inseguridad del avaro o del ambicioso. Ninguna cantidad de dinero es suficiente para saciar la inseguridad que depara el no poseer lo que se estima suficiente. Ninguna posesión de poderes abastece la inagotable necesidad de estar seguro.

No puede por otra parte desdeñarse el hecho de que la inseguridad, en nuestro sistema, es un hecho y que, por tanto, una cierta dosis de inseguridad revela sensatez. Yo

rece como ideal del Yo es la de un Yo inagotable en sus aspiraciones presentes, que ha de dirigir la totalidad de sus esfuerzos en ser más y más respecto de aquello que son los objetivos de la comunidad.[30]

La estructura competitiva

He llamado la atención varias veces en otros trabajos míos sobre lo que significa en última instancia el que la competencia se constituya en ideal del Yo.[31] Trataré de precisar más, en este momento, sobre la dinámica de la competencia. Competir significa las siguientes dos cosas a las que hay que atender en orden a su estructura y dinámica: *a*) el ob-

---

he conocido el caso de un hombre que a través de su inhibición (que entre otras pautas de conducta le deparó la soltería) decidió, en una fecha temprana, alejarse de toda instancia competitiva. Por esta razón, en 1935 decidió, mediante una formulación elemental, que sus trescientas mil pesetas eran suficientes para prestarle seguridad para el resto de su vida. Naturalmente, el final de este hombre ha sido su miserabilización. Lo más trágico fue que advertido, por la fuerza de la realidad, de la inmediatez de su crisis, intentó incorporarse, ya tardíamente, a una vida activa y productiva, sin que ni su originaria inhibición ni su desentrenamiento fuesen superables.

30. En los grupos trepadores, que aspiran por sobre todo al ascenso, o en hombres mismos en que se da una tendencia trepadora, hay ya una incomunicación con el grupo primario del que proceden y con el que se mostraban en el fondo insolidarios. Su insolidaridad era condición para que el trasvase se hiciese factible. Por otra parte, el trasvase es fácil, porque el paso al grupo superior sólo implica la aceptación de las normas de ese grupo, ninguna otra condición más honda y de más difícil internalización. Cf. el libro de Vance PACKARD, *Los buscadores de prestigio,* trad. cast. B. Aires. 1965.

31. Cf. CASTILLA DEL PINO, *Un estudio sobre la depresión. Fundamentos de antropología dialéctica.* Barcelona, 1966. También este otro trabajo mío, *El Humanismo «imposible»*, Madrid, 2.ª edición, 1969.

jeto sobre el cual se compite; *b*) los sujetos que compiten por él.

a) Respecto del objeto, es indispensable que este sea un objeto posesible virtual o realmente. Esto entraña que puede ser mío y que habrá de ser usado por mí. En este sentido, objetos posesibles son, entre nosotros, tanto una alhaja, como una propiedad rústica, como un cargo o una cátedra.[32] El habla es en este aspecto sumamente expresiva cuando enuncia la «toma de posesión», el habérsele «dado posesión», etc. referido a cosas en sí mismas no corpóreas, porque se trata de meras funciones y poderes. Pero, además, este objeto, susceptible de ser poseído, ha de ser un objeto valioso, no sólo para uno mismo, sino en la comunidad (o en algún grupo de la comunidad). Lo que es válido sólo para uno mismo no requiere, naturalmente, competencia alguna. Estos dos rasgos —ser posesible, ser valioso comunitariamente— confieren, además, al objeto un carácter peculiar: el ser intercambiable, precisamente por cualesquiera otros objetos asimismo comunitariamente valiosos. Por tanto, la posesión del objeto valioso es, a su vez, una inversión, bien directa, cuando la intercambiabilidad puede hacerse con el dinero, bien indirecta, cuando el objeto valioso es dador de prestigio social y hace posible así a su poseedor la adquisición de dinero o cualesquiera otros objetos valiosos.

32. Incluso una persona. Así se habla de que una mujer «ha sido conquistada», de «mi mujer». Entre nosotros, los médicos, se habla —¡y con qué sentido de la propiedad!— de «este enfermo es mío» y existe una regulación curiosa de carácter colegial sobre los modos como un determinado paciente puede pasar de un médico a otro, sin que en primer término figure en modo alguno el hecho sustancial de que la propiedad del enfermo es de sí mismo, en todo caso de los familiares, pero nunca del médico. La socialización de la medicina ha traído consigo la relajación de estos hábitos, que nuestras instituciones colegiales se han mostrado siempre celosas de conservar.

b) En lo que concierne a los sujetos que compiten, la estructura y dinámica de la competencia es para nosotros más interesante. En primer lugar, es necesario que ambos sujetos —situemos la competencia entre dos para que el análisis pueda mostrarse en un esquema nítido— coincidan en la apreciación del valor del objeto, de forma que tal objeto pueda ser por ambos disputado. De este modo, ambos caen en la misma irreal consideración del objeto, a saber, la de creer que el objeto es por sí mismo valioso, con ignorancia de que el valor es una mera atribución que los dos hacen al objeto y no cualidad de los objetos. Esta ilusión confiere ya a la estructura competitiva un sesgo particular, porque por ella puede afirmarse que la competencia se centra sobre un ilusorio valor y no sobre una cualidad real del objeto. Merced a este proceso, tiene lugar la ocultación de las cualidades reales del objeto en favor de la prevalencia de las cualidades atribuidas e ilusorias. Los valores atribuidos, pues, se alzan sobre los valores reales, y así, por ejemplo, las cosas y las personas son valoradas no en orden a las propiedades intrínsecas que poseen, sino a una significación respecto del valor que poseen como mercancías (un cuadro es valorado por lo que vale en dinero y no por sus cualidades estéticas; un hombre es valorado por el poder que posee, a expensas del cual yo puedo también adquirir poder, y no por sus cualidades intrínsecas, etc.). Pero, en segundo lugar, ese objeto estimado valioso tiende a hacerse mío, lo que entraña la, a su vez, ilusoria consideración de que yo he de adquirir determinadas cualidades inherentes a la posesión de ese objeto y que ese objeto me ha de dar por el hecho de su posesión. Así, el valor (como objeto intercambiable, es decir, en último término, como mercancía) del objeto pasa a ser, en mi creencia, valor mío, valor de mi Yo. De esta forma, la posesión de un latifundio me hace ser terrateniente, la de una cátedra me convierte en «el» catedrático, la de la administración y gobierno de una provincia en «el» gobernador, adquiriendo ahora, a partir de este momento, el ser que el objeto parece donarme, y dejando de ser el que realmente soy. La prueba de ello es que la posesión de tales objetos, tan valiosos para la comunidad, es capaz de darme un valor por sí que se superponga incluso a mis posibles disvalores (valores negativos). No cabe duda de que en la práctica social los llamados defectos de la persona quedan a cubierto y se hacen tolerables por fuerza, si al propio tiempo esa persona ha adquirido un valor (social) por la posesión de su latifundio, su cátedra o su gobierno civil. Quiere esto decir que la persona adquiere el valor del objeto que posee con detrimento de la apreciación de sus valores propios. Por tanto el sujeto poseedor es ya sujeto-que-posee-el-objeto, mediante la transferencia que el objeto ha verificado sobre él, y a partir de aquí tiene lugar la alienación de su propio ser-en-sí a cambio de ser-como-el-objeto-le-hace-ser. De esta forma, el poseedor sólo se reconoce en lo que tiene de extraño a sí mismo y puede decir de sí que es en cuanto que posee esto y lo otro y lo de más allá. Pero esta posesión es exclusiva, no compartida, porque un objeto no puede ser más que de uno cada vez. Por esta vía, se adquiere la falsa conciencia de que se es único y que, además, se es más que el otro, que ha quedado sin el objeto por el cual también aspiraba. El poseedor es, pues, de facto, más-que-el-otro, por cuanto este otro anhelaba asimismo ser como el primero ahora es. Mientras que el primero, pues, es ya sujeto poseedor, el segundo pasa a ser sujeto frustrado y adquiere asimismo la falsa conciencia de ser menos-que-el-otro, en la medida en que no es poseedor. A mi juicio, la tendencia a conceder al valor un carácter absoluto y eterno proviene del hecho de que la instancia a la apropiación como mío de lo considerado valioso ha de ser racionalizada mediante la concepción de que es valioso por sí y para siempre. No cabe duda de que la privatización de las cosas conlleva, al hacerlas nuestras, la errónea consideración de que son por sí valiosas, cuando no se trata sino de que es meramente válida para mí. Así, han podido ser impuestos los valores de un grupo dominante como «los» valores de todos, y emitidos por los ideólogos al servicio de ese grupo en forma de «derechos naturales», de «moral natural», etc. La aceptación por los grupos oprimidos de la moral del grupo dirigente muestra bien a las claras que la imposición de esta moral era hacedera, por cuanto la condición objetiva existía en forma de aspiración de los oprimidos, no a resolver la opresión, sino a constituirse ellos en componentes de los grupos opresores.[33]

Las relaciones entre ambos competidores son ahora sumamente curiosas: uno es poseedor, el otro frustrado. Hay, de hecho, una incomunicación real. Porque la comunicación exige la comunitariedad en intereses y aspiraciones, y en verdad el poseedor se mueve a partir de unas necesidades ya satisfechas y la aspiración de otras por satisfacer, mientras que el frustrado queda todavía en un estadio retrogradado respecto de aquél. Pero, pese a todo, las cosas deben seguir como antes, de forma que la relación prosigue, manteniéndose así una irreal comunicación. Hay comunicación en cuanto que contactan y se entienden, pero, eso sí, por cuanto que ese contacto puede ser utilizado como medio para rescatar aquello que pudo ser mío y no lo fue. En otros casos, esta incomunicación real, que queda en lo

33. El concepto de clase se muestra una categoría útil para la comprensión de la dinámica histórica y, para mí, resulta ser una categoría límite, de la cual no es posible prescindir, pero que basta con tener en cuenta sin que para la intelección de la dinámica social en un momento dado sea necesario remitir a ella. Es preciso entonces barajar conceptos más matizados, como los de *status* y grupos, de acuerdo con la teoría sociológica contemporánea.

subjetivo de cada cual, pero que se subsana en forma de aparente comunicación proseguida, puede transformarse en incomunicación objetiva. Pues la posesión de un objeto valioso para la comunidad me depara la elevación de *status*, mientras que la inobtención de ese logro deja al otro o en el mismo o en el inferior incluso. De este modo, en la mayoría de los casos, la posesión de objetos, al ubicar a cada cual en un *status* dentro de la misma clase, le distancia de tal forma que ni tan siquiera es factible ya la comunicación preexistente, constituida en favor de la competencia por idénticos objetos.[34]

34. Sullivan ha señalado muy certeramente la necesidad de adaptación al sistema, por una parte, junto a la individuación y aislamiento subsiguiente, por otra. «En el mundo moderno, de horizontes que se dilatan rápida pero desigualmente, de enorme desigualdad de oportunidades económicas, políticas, sociogeográficas y técnicas, la situación es muy distinta. Es frecuente la individuación hasta el extremo de la psicosis... Todos acaban por tener algunas personalizaciones que desde el punto de vista social son muy poco prácticas, de modo que originan definidas falsas adaptaciones a faltas de adaptación a la vida... Es preciso convertirlos en formas que constituyan aproximaciones más válidas a las personalizaciones equivalentes de las restantes personas que son necesarias para el paciente.» (Harry STACK SULLIVAN, *La fusión de la Psiquiatría y la Ciencia social*, trad. cast. B. Aires, 1968). Es curioso que junto al reconocimiento de la patogenidad del sistema, Sullivan no se proponga sino adaptaciones al mismo. Sobre esta cuestión —el conformismo inherente al revisionismo neofreudiano— véase MARCUSE, *Eros y Civilización*, especialmente el epílogo. Señalemos, en apoyo de las aseveraciones iniciales contenidas en la cita de Sullivan, que, en efecto, la extravagancia como forma de vida constituye una forma consecuente de la incapacidad para la adaptación a un sistema prepotente y, por tanto, la pérdida del sentido de lo real. Claro es que, frente a la adaptación del extravagante al sistema, podía postularse otra terapéutica, cual es la adaptación en la oposición al mismo, de igual forma que se procede con el rebelde, cuando psiquiatra y paciente obran de consuno en la concienciación y *praxis* de una realidad social de determinada naturaleza (cf. mis trabajos *Un estudio sobre la depresión* y *La Culpa*, ya citados). Indiquemos, por último, que la desigual-

Así, pues, en una sociedad anómica, en la que el principio rector es la competencia por la adquisición de objetos, es decir, de poder, la única comunicación posible es aquella que se verifica al servicio de la posesión. No hay comunicación sino en tanto a través de ella puedo competir. La comunicación efectiva, la posible, es cualquiera cosa menos real comunicación. Es, por decirlo así, comunicación aparente, que me es útil en la medida en que con ella muestro mi respeto a la norma y se me acepta en el grupo; mas, también, en tanto sólo a través de ella puedo saber del otro de manera tal que la competencia con él sea para mí más favorable. La comunicación, pues, está al servicio exclusivo de la rivalidad y de la recíproca destrucción del otro, que la posesión de un objeto por ambos disputado entraña inevitablemente.

Pero la sociedad competitiva, que crea una comunicación condicionada hacia la competencia, y que ha hecho de la actitud competitiva un reflejo condicionado, básico como dinamismo de nuestra conducta, no ha suprimido aún la necesidad de la comunicación. La comunicación real parece ser una necesidad cada vez más sentida en nuestra sociedad. Se vive las más de las veces como angustia, en forma de temor a la comunicación que se desea, o como sentimiento de soledad. Una estructura anómica crea una dialéctica falsa, a saber, frente a la necesidad de comunicación, no la posibilidad sino el temor a satisfacerla. Con todos sus riesgos y a costa, como veremos luego en la segunda parte de

dad de oportunidades es el criterio para decidir el carácter anómico de una precisa estructura social en los autores que han revisado el concepto durkherniano de anomia. En la sociología norteamericana se distingue entre la *anomie* y la *anomy*, para subrayar las diferencias (cf. el Simposio de Clinard ya citado).

este trabajo, de la pérdida de la espontaneidad en el decir y en todo otro género de haceres, una comunicación titubeante, cautelosa, pugna por establecerse. Curioso es el hecho de que la psicoterapia se haya constituido en una tarea sociológicamente relevante. La psicoterapia viene a suplir, mediante el artificio que es la situación misma que la psicoterapia implica, la comunicación no efectuada en la cotidianidad. Es por esto por lo que, entre otras formas de expresión, la relevancia hoy adquirida por la psicoterapia denota el fracaso de una civilización montada sobre una sociedad incomunitaria. Los logros de la misma suponen un progreso en la posesión de técnicas, pero esas técnicas no están al servicio del hombre, en forma de dominio del hombre sobre la naturaleza, sino también de perpetuación del dominio de unos hombres sobre los otros hombres. Las conquistas técnicas han elevado el nivel de la comunidad en donde han sido obtenidas, al propio tiempo que han disuelto todo esbozo de comunitariedad y de comunicación.

el trabajo de la [illegible] de [illegible] ejemplo [illegible] decir ver todo otro género de haceres, una comunicación [illegible] humana [illegible] Lo curioso es el hecho de que la psicoterapia se haya constituido en una tarea sociológicamente relevante. La psicoterapia pone de relieve [illegible] que es la situación misma que la psicoterapia implica: comunicación no [illegible] en la humanidad. Es por esto por lo que, entre otras formas de expresión, la relevancia hoy adquirida por la psicoterapia denota el fracaso de una civilización [illegible] y sociedad [illegible]. Los logros de la técnica suponen un progreso en la posesión de técnicas, pero estas técnicas no están al servicio del hombre en forma de dominio del hombre sobre la naturaleza, sino también de perpetuación del dominio de unos hombres sobre los otros hombres. Las conquistas técnicas han elevado el nivel de la comunicación, donde [illegible] obtenido, al propio tiempo que han [illegible] todo esbozo de comunidad y de comunicación.

Capítulo 2

EL HOMBRE EN LA INCOMUNICACIÓN

El dispositivo para la incomunicación

En el capítulo precedente hemos estudiado la correlación sociedad-comunicación. Ahora bien, la incomunicación no podría darse como rasgo definitorio de un modo de existencia humana si la condición objetiva no facilitase una disposición preexistente en la persona. De hecho, la propia biología y la psicología misma nos muestra que la dirección de un desarrollo «normal» o «anormal» de la persona sólo puede imponerse en la medida en que existe, de antemano, la posibilidad de que pueda efectivamente serlo. De lo contrario, la condición sería tan inclemente que o bien se rechazaría de inmediato o bien provocaría la supresión misma del ser al que se obliga a vivir en ella. Esta consideración nos incita a investigar acerca de qué rasgos existen en el ser humano que hacen posible la incomunicación y el que la incomunicación haya alcanzado un carácter de «segunda naturaleza» en el mismo.

Ahora bien, la necesidad de comunicación aparece en un estadio avanzado de la evolución humana. En este sentido, la invención del lenguaje, esto es, el paso del lenguaje del gesto al lenguaje propiamente dicho, es relativamente tardío y aún hoy las estructuras biológicas que sustentan las funciones del lenguaje se adscriben entre las que caracterizan al neopalio. La comunicación emerge, pues, como diferenciación frente a la fáctica incomunicación preexistente a que la simple utilización del gesto sumía. Pero esta comunicación ha de hacerse, por tanto, merced a la restricción que impone *ahora* el uso del vehículo que es el lenguaje común, al objeto de hacer la comunicación posible. Con otras palabras: la comunicación puede verificarse —en el sentido de intelección del mensaje— gracias a la restricción que el propio sujeto realiza sobre ese mismo mensaje, restricción que se aprecia claramente en la sujeción del habla a los signos lingüísticos impuestos. Yo no puedo hablar inventándome totalmente el lenguaje. Tengo que hablar acerca de lo que me es posible decir y utilizando palabras que me son dadas. Un lenguaje *propio* significaría, por un lado, un esfuerzo inaudito y, por otro, no se vería gratificado por la intelección, ya que para los demás no sería *su* lenguaje. Hay una dialéctica entre mi necesidad de decir algo —que es, de alguna manera, un algo propio, exclusivo de mí— y la posibilidad de decirlo, para lo que he de valerme del habla preexistente. Me parece evidente que ello implica una limitación, que ciertamente aparece compensada por la ventaja que supone, en el extremo opuesto, el que lo poco que pueda ser comunicado pueda sin embargo ser entendido. Hablo como todos los demás, no porque ese hablar de los otros me sea suficiente, sino porque cuando menos soy entendido. El lenguaje poético, en tanto es invención de un lenguaje propio sobre la base del lenguaje común —del habla—, significa el empuje, la instancia a hacer más y más factible la comunicación que requiero, venciendo la resistencia que para ello me impone el lenguaje al uso.

Mas esto significa la existencia de un *quantum*, todavía no organizable en lenguaje común, y, por tanto, no comunicable. ¿Cómo está constituido ese *quantum* no decible? Atendamos someramente a los siguientes aspectos del problema: *a*) el pensamiento resulta de la diferenciación de elementos hasta entonces dados como no pensados, esto es, como sentidos; *b*) esta diferenciación obliga a la concreción en una *denominación*, con lo cual tiene lugar, por una parte, la comunicación, como ya pensado, de lo antes meramente sentido, y, por otra, la reducción a palabra. La *palabra* se genera, pues, como resultado de la restricción de lo-no-decible-todavía, en favor de lo-que-ya-puede-ser-dicho. Pero esto último —lo que puede ser dicho— es, por tanto, una parte (mayor o menor, pero en todo caso, sólo una parte) de lo vivenciado.[1]

Así, pues, la reducción de lo vivenciado a lo pensado y, posteriormente, la concreción de lo pensado en lo denominable, son dos de las limitaciones impuestas desde dentro del ser humano en favor de la comunicación de algo, a la vista de la incomunicación de la totalidad de una experiencia adquirida. Pese a la existencia de un progreso en orden al *quantum* de lo comunicable, tanto la investigación psicológica como fisiológica nos ofrecen pruebas en favor de que la necesidad de comunicación surge precisamente *rompiendo,* por decirlo así, las barreras que hasta entonces posibilitan la incomunicación. La mera evolución del lenguaje poético muestra que en modo alguno ésta debe ser estimada como un lineal ascenso, sino que el patrimonio de una adquisición en un momento histórico puede ser desaprovechado posteriormente, hasta el extremo de que la desmembración de un tronco común en lenguajes distintos obliga a comenzar prácticamente de nuevo. Piénsese en lo que significó la desmembración del latín en lenguas romances y el evidente retroceso que en orden a la comunicación entraña el castellano del

1. Lo vivenciado es más que lo pensado, porque incluye elementos —y compone una estructura— procedentes de sectores o estratos (por utilizar una imagen topográfica) de la persona no propiamente intelectuales. Del mismo modo que la vivencia de culpa es más que el sentimiento del culpa, también la vivencia de la culpa es más, por el otro extremo, que el pensar sobre aquello de que nos sentimos culpables. La vivencia es, pues, una totalidad, la síntesis instantánea de la expresión de una persona.

siglo x respecto del latín del siglo I a. de C. El acoplamiento del lenguaje a las necesidades históricas de comunicación y su dependencia de las estructuras sociales constituidas en «relaciones de intercambio» es algo cuyo estudio se inicia en estos momentos. Si puede legítimamente hablarse de un lenguaje místico, romántico, clásico, intimista, realista, etc., ello no obedece, obviamente, a clasificaciones en géneros literarios subsiguientes a la evolución de los mismos de acuerdo a sus leyes propias, sino que responden a requerimientos de la realidad histórica sobre los hombres, para los cuales esa realidad constituye su habitat.[2]

Pero hay un tercer punto, respecto del *quantum* a comunicar, que es importante tratar, aunque sea brevemente. Se trata de lo siguiente: cada época tiene sus necesidades de comunicación, que el lenguaje al uso no hace posible en toda su extensión. Las necesidades van, lógicamente, por delante de las posibilidades de satisfacción, ya que de lo contrario

2. En un sentido análogo a como se procede en la actual estilística. Cf. a este respecto ULLMAN, *Lenguaje y Estilo,* trad. cast. Madrid, 1968. El libro de C. BOUSOÑO, *La Poesía de Vicente Aleixandre,* Madrid. 3.ª edic. 1968, plantea el análisis estilístico en este sentido multidimensional a que aquí hacemos referencia, y la intelección del texto se posibilita a través de su referencia a esto que ahora llamamos, con excesiva ambigüedad, «requerimientos de la realidad histórica». En este aspecto, no tenía razón alguna, y revelaba así una miopía en orden a los condicionamientos del lenguaje, la afirmación que hacía Salvador de Madariaga que, en forma de queja, constataba que un lenguaje místico como el de Teresa de Jesús o Juan de la Cruz se había perdido. En realidad, su pérdida no es primariamente lingüística y no hay que pensar que hoy no se posea capacidad para una expresión —con todo lo excepcional que se considere— análoga. Lo perdido no es el lenguaje sino la mística, que no puede ser la misma para el siglo XX que para el XVI y que se expresará de otra forma. Se hará mal en interferir un juicio de valor para dos situaciones en sí incomparables y, desde luego, incomparables en lo que respecta al valor de una y otra.

no serían tales necesidades. Ello obliga a crear el habla de cada época. Tal hecho responde al carácter vivo de la lengua, constantemente mutable, en permanente evolución.[3] En este sentido, con frecuencia hay adelantados en la utilización propia del lenguaje —y de cualquiera otra forma de comunicación, como la plástica— que, de momento, los hace más o menos incomunicables por su misma especificidad. Este es en cierto sentido el drama del poeta, del escritor, por ejemplo. En esta primera etapa, en la medida en que todavía es un lenguaje propio, no es absorbido por el sistema y no es institucionalizado. Más tarde, ese mismo lenguaje es absorbido y entonces pasa a ser un lenguaje que no sirve demasiado para la comunicación, por cuanto ya está al servicio de ese sistema que lo academiza.[4] Más claramente se ve este fenómeno en la comunicación que tiene lugar a través de la expresión plástica. En un primer estadio, el pintor hace pintura —formal y temáticamente considerada— que precisa, a instancias de los requerimientos que sus propias necesidades de decir le suscita. Pero luego, su obra pasa a ser de uso común, concretamente minoritario, en la medida en que se torna objeto de consumo. A par-

3. Carácter vivo del lenguaje que es tanto como arbitrariedad del signo lingüístico de que hablaba Saussure. Cf. *Curso de Lingüística general,* trad. cast. B. Aires, 1967.

4. James Joyce ha expresado esta asincronía entre el poeta con su forma de decir y sus receptores coetáneos de la forma siguiente: «La poesía es un intento de comunicar, o al menos expresar, una experiencia idiosincrásica que la mayor parte de las personas no tienen arte para decir. Es poner en palabras experiencias emocionales que en esencia son sin palabras» (cit. en MASLOW, *Motivación y Personalidad,* trad. cast. 1963).

El poeta, dice A. Martinet, sólo tiene el derecho de no guardar para él sus connotaciones... sólo él encuentra el chispazo que transfigura el mensaje. (Cit. por G. MOUNIN, *La lecture d'un linguiste,* en «Le Monde», 11 enero 1969, n.º 7.464: texto extraído del prefacio de «Communication poéthique», del mismo autor.)

tir de entonces, pinta sobre todo para los eventuales consumidores, y deja de cumplir el requisito sustancial para el cual su forma de pintar surgiera.

Todo ello nos obliga a la reflexión de que aún en el nivel que, para entendernos, hemos llamado psicológico, la comprensión del fenómeno de la comunicación —y su reverso la incomunicación— no puede segregarse de las condiciones objetivas en las cuales el hombre está en cada momento.

El sobreentendimiento

Estas dos limitaciones que el lenguaje impone a «mi» mundo —pensar sobre parte de lo vivenciado; hablar sólo lo que es posible decir— da lugar a un notable fenómeno que acaece en el uso del lenguaje, es decir, en el habla. Me refiero al sobreentendimiento. Quien escucha aquello de que hablo sabe de que sólo puedo hablar un tanto, dejando otro tanto o más sin decir por no poderlo (no nos referimos ahora al no poder decir en el sentido de no permisible, que es una limitación social del lenguaje ya hecho, de carácter fundamentalmente temático, aunque también formal, y de la que trataremos luego). Quien me escucha, repito, cuenta con que en mi decir se esconde mucho más que lo ya dicho y que, por tales limitaciones disposicionales, no me es posible decir más. Quien me escucha me sobreentiende, como yo sobreentiendo al que me habla. Mediante este sobreentendimiento, las dos personas que intentan comunicarse *algo* tienen conciencia de la incomunicabilidad de *lo restante*, y dan por supuesto que esto último de alguna manera se intuye Si en el habla se pudiese decir todo, no habría que suponer qué se quiere decir tras lo que se habla. A veces, este sobreentendimiento se invita a verificar aun antes de acabado lo dicho. Hay dificultades para decir «todo» lo que pienso y entonces se invita al otro con un «usted me entiende» de carácter imperativo, que me permite sustraerme de la total y trabajosa dicción de lo que intento. De hecho este sobreentendimiento se da incluso en el lenguaje bien hecho. Es más, un habla acabada nos hace suponer que el sujeto habla de sólo lo que le es posible hablar y ello nos hace pensar, a través de lo bien que dice, que sólo está diciendo lo que quiere. Tras una frase acabada intuimos tanta ocultación del ser que habla que apenas si damos valor al mensaje comunicado, para enfrascarnos en la indagación de lo sobreentendido. Nos importa más intentar saber qué se oculta tras la barrera que, con su misma comunicación, establece entre nosotros y él. Como señalaré después al hablar del lenguaje inconexo de la «asociación libre», es en su desestructuración en donde radica el carácter de habla directamente proveniente de un estrato de la persona inhabitualmente no comunicado.[5]

5. Como es sabido, en toda estructura lingüística hay que distinguir su componente conativo y su componente emotivo. Ambos están siempre presentes. En nuestros análisis hermenéuticos los llamamos componentes indicativos y estimativos; estos últimos son elementos (lingüísticos) que estiman, o sea, que indican *respecto del sujeto* que verifica el significado. En algunas expresiones el elemento estimativo parece estar en primer plano, como por ejemplo en el «ay», en donde incluso parece no existir más que el componente estimativo dada su prevalencia (pero en el que existe, no obstante, el indicativo respecto del objeto que nos depara sorpresa, dolor, etc.). En otras, por el contrario, el elemento conativo es el prevalente: por ejemplo, «no he tenido tiempo de contestar a tu carta», en el que la estimación del sujeto aparece en el trasfondo, ya que el no tener tiempo revela, o bien una relegación objetiva, o bien una excusa para la desatención de fondo a la carta recibida, en ambos casos una desestimación del sujeto que escribió la carta.

El lenguaje mal hecho expresa las más de las veces, en su misma desestructuración, que el habla arranca directamente del estrato emotivo del sujeto. Claro es que una frase acabada pronunciada en un grupo (casi siempre, por ra-

El sobreentendimiento aparece, pues, como actividad vicariante, supletoria, de la incomunicación excedente tras la comunicación efectuada. Por eso, toda habla exige un tanto mayor o menor de hermeneusis, en cuanto que cada cual se obliga a la interpretación de lo dicho por la ocultación (involuntaria, incluso instrumental si se quiere) que tras ello se esconde.

El malentendido

Se comprende que el sobreentendimiento dé lugar constantemente a un fenómeno subsiguiente: el malentendido.

La comunicación es una forma de verificación del pensamiento a través del habla. Cualquiera interpretación de lo dicho debería remitir siempre al mensaje dado, si existiera una concordancia de hecho entre *todo* lo pensado y *todo* lo dicho. Pero, como acabamos de ver, no ocurre así. Esto implica que toda hermenéutica de lo hablado tiene que hacerse precisamente sobre lo (supuestamente) entredicho. Ahora bien, lo entredicho no es algo dicho, de manera que la interpretación ahora ha de basarse no sobre datos concretos, sino sobre la supuesta (por mí) significación que el otro da a esos datos que

---

zones obvias, un grupo pequeño) comunicado, puede llegar a ser un enunciado que no implique sobreentendimiento alguno, sencillamente porque para ese grupo «se puede decir» —se puede hablar— gracias a la comunicación tácita. No obstante, esta situación es artificial. Es real, puesto que se da; pero es un artificio, ya que en todo caso representa una comunicación factible sólo en condiciones de excepción, una comunicación insular dentro del sistema que no la permite intrínsecamente. Prueba de ello es que la comunicación lograda en el microgrupo no podría ser trasladada fuera de él y, por otra parte, la relación con solo el microgrupo no es capaz de abastecer con suficiencia todas las exigencias que el vivir en el sistema total implica.

son sus palabras.[6] La actual teoría de la comunicación —a la que se debe, sin duda alguna, importantes avances al respecto— ha desatendido, como no podía ser de otra manera, esa forma de comunicación parcial que es el habla, en la que se opera sobre lo entredicho, lo sobredicho, etc. En cierto sentido, el análisis estilístico ha hecho esfuerzos por objetivar el sobreentendimiento subyacente en una expresión concreta. Pero queda aún mucho por hacer, por cuanto la tarea hermenéutica no puede ser fruto de una sola disciplina, sino un esfuerzo interdisciplinado (lingüística, teoría de la comunicación, antropología cultural, psicodinámica, sociología del lenguaje, etc., etc.), que sólo puede ofrecer una concepción dialéctica de la antropología y, específicamente, del lenguaje.

Lo que importa acentuar ahora es que la forma parcial de comunicación, de la que resulta la incomunicación disposicional del ser humano, da lugar, a expensas de las interpretaciones a que nos obligamos respecto del sobreentendimiento de lo dicho, a la creación de malentendidos. Lo más interesante de éste radica en que se trata de un malentendido que queda, por cuanto ni siquiera el que habla puede encontrar en sus dichos la prueba de que lo que quería decir era tan sólo eso que acaba de decir. El malentendido se crea sobre el sobreentendimiento mutuo, y no tiene posibilidad de subsanarse, por cuanto no cabe la remisión al texto, que no es útil ahora por su misma parcialidad.

Pero el análisis atento de esta situación que da lugar al malentendido comporta aspectos interesantes para la dilucidación de la relación interpersonal. En realidad, el sobreentendimiento se lleva a cabo

6. De aquí el entendimiento, en el sentido de «saber lo que se dice. Estar acorde lo que alguien dice con un pensamiento suyo definido, aunque los demás no lo vean claro» (cf. M. Moliner, *Diccionario de Uso del español,* 2 vols. Madrid, 1966-67, artículo «Entender»).

no merced a la intelección de lo supuestamente dicho en lo hablado, sino a expensas de la proyección que yo hago sobre lo dicho por el otro. Cuando yo sobreentiendo en la expresión «esta tarde no podré acudir a tu cita porque tengo jaqueca», que al sujeto que la emite en verdad lo que le ocurre es que no tiene gana de verse conmigo, puede que acierte, pero aun así se trata de una proyección mía sobre las palabras del otro. Interpretar es proyectar y nadie puede hacer una interpretación (de algo que está fuera de él) si de alguna manera no la internaliza previamente y la proyecta fuera de sí con posterioridad. De esta forma, la interpretación es prejudicativa, y consiste nada más que en la superposición de mi prejuicio —un juicio sólo podría hacerse sobre lo dicho, no sobre lo entredicho— sobre lo dado a mí por el otro que me habla. El habla, el lenguaje al uso, se torna así fundamentalmente prejudicativo, precisamente por el hecho de su insuficiencia funcional en orden a la comunicación total de lo vivenciado (repito que no entro ahora en que tales interpretaciones prejudicativas se faciliten luego por las condiciones del habitat de los hablantes).[7]

7. Como se ve, el malentendido es de provocación fácil y, por decirlo así, doble, merced al hecho de que el que me habla no me dice, sino que me da *él* a sobreentender; y yo, que escucho, he de interpretar no lo que me habla sino lo que *yo* sobreentiendo. Ahora bien, la no coincidencia entre el sobreentendimiento del primero y el sobreentendimiento mío de sus palabras es la causa de que, en última instancia, no nos entendamos y se dé lugar a toda suerte de equívocos, de los cuales tenemos abundante experiencia en la vida cotidiana. Se comprende que todo ello sea producto de los usos alienados del lenguaje a que la relación social obliga. Habría que recuperar el sentido originario no sólo de los vocablos, sino sobre todo de los modos de hablar, de manera que en último término *lo que se quiere decir* sea exclusivamente *lo que se dice.*

Primera y segunda dimensión intensional de la incomunicación

La incomunicación no es un estado que se dé en el sujeto al margen de su vida misma, es decir, de su realidad. La incomunicación, obvio es decirlo, mucho más después del análisis efectuado en las páginas precedentes, es de una persona en su realidad, o, si se quiere acentuar el carácter antropológico de ésta, en la realidad concreta que es ser «vida de hombre».

Ahora bien, la vida (que es vida de alguien) debe ser concebida en una triple dimensión. Por un lado, en la superficie de su presente, el cual ofrece, también, la posibilidad de ser visto en su profundidad. Estas dimensiones son *intensionales,* por cuanto conciernen a la contracción que la actuación en un presente supone. Las realidades dadas en un presente —un presente que no es, naturalmente, un instante físico, sino el ahora «vivido», un ahora de dimensión varia— se ofrecen como datos ante los cuales cabe o una aprehensión epidérmica o significativa. Esto es, o la mera captación de la realidad, o, contrariamente, la captación con su valoración o estimación. En verdad, no hay aprehensión *pura* de la realidad en la que de alguna forma no se lleve a cabo, aun sin expresa formulación, alguna estimación. Pero parece evidente que hay muchas personas que ante una realidad tan sólo la captan, resbalando sobre ella, de manera que, con mucho mayor motivo, puede decirse que apenas si pueden darle una estimación ulterior, un juicio de valor. Y, como es sabido, la realidad aparece en su verdadera dimensión ante el sujeto que la aprehende cuando se da, de consuno, aprehensión y estimación. Las cosas son lo que son y lo que significan para mí (y para los que están conmigo).

Así, pues, aun en una consideración presentual, *actual,* es factible señalar dos niveles de incomunicación. La primera de ellas, aquella en la que la realidad aprehendida —es decir, el otro, las cosas de los otros, etc.— no es valorada y, por tanto, la incomunicación tiene, por así decirlo, un carácter cuasi instrumental. No me refiero a la incomunicación obtenida tras el desapercibimiento subsiguiente al fallo de los instrumentos más elementales del contacto (incomunicación instrumental). Aludo sobre todo al hecho del sinnúmero de personas en el que no es posible registrar tal fallo y, sin embargo, se conduce a-perceptivamente frente a la realidad. La experiencia psicodinámica muestra que la aprehensión de la realidad no se lleva a cabo uniformemente, sino selectivamente, focalmente, dejando de ver *algunas* partes de la realidad para ver *una* o *varias* partes de la realidad. Este dejar-de-ver debe ponerse en relación con instancias preexistentes en la persona, merced a las cuales este dejar-de-ver, esta apercepción, debe concebirse como un oscuro, subconsciente, no-querer-ver, un rechazo, activo pero no sabido, de esa parte de la realidad que, por las motivaciones que sea, no interesa ver.

La incomunicación en casos tales —los más frecuentes, por lo demás, según hemos dicho— implica la movilización de un dinamismo disvalorativo, esto es, la emisión de un *prejuicio* de valor negativo (disvalor), que sale al paso de la realidad que nos es dada a fortiori, y que, por efectuarse síncronamente con la aprehensión misma, conduce a la escotomización o no visión de alguna parte de la realidad. Señalo el *carácter prejudicativo* de esta acción, que parte del sujeto hacia la realidad, para indicar con ello que no se trata de un juicio de valor. Si así fuera, si no se tratara de un prejuicio, sino de un juicio, el rechazo tendría a su vez su motivación y, además, su motivación sería más o menos sabida por la persona que rechaza. En este caso, el proceso es: aprehensión de la realidad, subsiguiente rechazo de parte o de toda ella por estas y aquellas otras razones. Pero en la apercepción a que hago referencia, repito, se trata de un proceso prejudicativo, que se verifica *sin juicio*, en un aparente porque sí. He afirmado antes que, aquí, el fracaso en la aprehensión de la realidad no es de carácter instrumental. El instrumento perceptivo está intacto. El fracaso radica en la forma de utilización del mismo, que no se pone al servicio de la función ad hoc, la de aprehender la realidad, sino al *servicio del sujeto* del instrumento. De esta forma, yo miro pero sin ver, de manera que virtualmente se verifica un desapercibimiento en alguna medida análogo, en el resultado, al que tendría lugar en el caso del debido al fallo meramente instrumental. Sólo la pesquisa ulterior nos pone sobre aviso de que se trata de un no-ver activo, identificable con un no-querer-ver, cuyas motivaciones son susceptibles de esclarecimiento.[8]

Incomunicación prejudicativa y judicativa

En resumen, pues, hay en la consideración presentual dos posibilidades de incomunicación (aparte la «irresponsable» incomunicación que se derivaría del fallo de los instrumentos, que privarían sensorialmente al sujeto de una parte o de toda la realidad): una incomunicación prejudicativa; otra, judicativa. En la primera de ellas, la incomunicación es epidérmica y el síncrono salir al paso con el prejuicio ante la aprehensión de la realidad hace que la incomunicación se lleve a cabo en la superficie misma en la que la persona y la (restante) realidad contactan. Ya la llamada escuela de Chicago afirma-

8. Los tests proyectivos ponen constantemente de manifiesto el fallo de la percepción en forma de un subconsciente no-querer-ver. El propio test de Murray se denomina test de apercepción temática, para indicar que el objeto del mismo es precisamente la no visión o la distorsión de la realidad que por el sujeto se da.

ba que las actitudes «están» en aquella esfera del sujeto en donde se verifica el contacto de la persona con la realidad.[9] Cuando estas actitudes son negativas, de rechazo insabido, no se deja llegar la realidad a los niveles hondos de la persona y, por tanto, la negación de la comunicación de ésta con aquélla tiene lugar, como metafóricamente he dicho, en la epidermis misma de la persona, del Yo. Cabe preguntarse ahora cómo es factible que un rechazo, que se verifica en la superficie del Yo, sea, no obstante, un rechazo ignorado por el propio sujeto que lo realiza. A ello respondo lo siguiente: esta actitud negativa responde ya a una pauta de conducta estereotipada de la persona, a un hábito, inherente a un viejo temor ante la realidad. Es el carácter habitual del proceso de rechazo, de movilización de tales actitudes negativas, el que hace posible que sus motivaciones se ignoren, sencillamente porque responden a motivaciones antiguas, que ya no están presentes en la conciencia, pero que están presentes para la acción.[10] La actitud, en pocas palabras, es la preconducta de la persona, y puede convertirse en acción (negativa, en este caso; mas también positiva) sin que se sepa del origen de la actitud que la matiza. Por esta razón, esta incomunicación que se lleva a

9. Para esta cuestión del análisis de actitudes, cf. mi trabajo «La persona, limitante y determinante de libertad», incluido en el volumen *Dialéctica de la persona, dialéctica de la situación,* Barcelona, 1968.

10. La formación del hábito de una conducta se hace en un primer momento sobre la base de la conexión entre una situación y una respuesta. Pero luego, ante toda situación analógica —por supuesto ni es ni puede ser luego la misma— el sujeto se comporta con idéntica respuesta. A medida que se encroniza esta conexión, se alcanza la ignorancia del estímulo —en forma de ignorancia de las motivaciones— conservando el sujeto todo lo más conciencia de su respuesta. Así, por ejemplo, de un horror a la oscuridad no sólo no tiene por qué saberse de su motivación, sino que las más de las veces no se sabe qué lo provocó originariamente.

cabo en la epidermis de la persona suele tener un carácter totalizador, porque en general lo que ocurre es que se teme a la realidad como tal. Es así como las personas, por ejemplo, tímidas se conducen rechazando la realidad toda, para así evitarse el riesgo que se derivaría de tomar antes de rechazar a la realidad que se les ofrece. Rechazan *toda* la realidad, para de este modo no implicarse en la responsabilidad de tener luego que contar con una realidad que *puede* ser ingratificadora. En esta incomunicación prejudicativa se sacrifica la posible parcela quizá gratificadora de la realidad, ante la posibilidad de que se cuele también, de rondón, la parcela a la que se teme. Lo que caracteriza a esta actitud activamente negativa es la carencia —si es que una carencia puede caracterizar: tómese la expresión en su carácter de válida para la hermeneusis, por tanto, con un rango provisional— de un saber, falso o real, fundado o infundado, sobre las motivaciones del rechazo; carencia de ese saber que en la terminología psicodinámica se denomina «racionalización».[11] Por eso la incomunicación prejudicativa tiende a ser totalizadora, porque afecta al conjunto de las relaciones que la persona establece con la realidad. Desde un punto de vista psicodinámico, es importante que tales actitudes prejudicativas tengan las más de las veces su origen en las primigenias relaciones parentales-filiales, esto es, en la relación originaria de la persona con el microgrupo familiar (grupo primario). Al niño se le induce la actitud prejuiciosa sin que en momento alguno se acompañe del suficiente aparato seudológico que compone la racionalización.

En la incomunicación judicativa el proceso, la dinámica del mismo, es distinto. Ya hemos señalado sus rasgos fundamentales. Se aprehende la realidad;

11. La racionalización en verdad es la sustitución del real saber acerca de la motivación —saber que no quiere reconocerse— por un falso saber que la justifica.

tras ello, se emite su juicio de valor, una estimación; esta estimación resulta negativa; la realidad es, a renglón seguido, inaceptada. El resultado es un elaborado proceso de rechazo de la realidad y, en consecuencia, la incomunicación entre la persona y la (restante) realidad se «justifica». «Justificar» —un vocablo cuya elucidación etimológica y cuyo uso incita a reflexiones interesantes para nuestro tema— es la acción de juzgar como justo, es decir, justamente. «Justificar» contiene, pues, en el uso del término, la doble referencia a la misma raíz de establecer un juicio y de que ese juicio es justo (si fuera injusto, sería injustificable), de manera que nuestra acción está «justificada» —en este caso de que tratamos, el rechazo— en la medida en que para nosotros es juzgada justamente como rechazable. El rechazo se «justifica», pues, por la emisión de un juicio, que por supuesto consideramos justo, acertado, respecto del carácter rechazable de lo que se nos ofrece. La incomunicación judicativa tiende a ser parcial, por referirse concretamente a sólo aquella esfera de la realidad que moviliza esa concreta actitud racionalizada, justificativa. Se suscita generalmente a través de las relaciones que la persona establece con el macrogrupo, y mediante ellas «explica» su conducta. Sin saberse, tales actitudes están en inmediata conexión con los condicionamientos de clase, de grupo, de *status*, que las sustentan y son en buena parte las actitudes de su clase, grupo y *status*. Es por esto por lo que tales actitudes son susceptibles de ser racionalizadas de modo genérico, ya que representan el sentir —es decir, la ideología— común del grupo social al cual se está adscrito.[12]

12. Tales son los prejuicios que uno posee no en cuanto persona en la que han tenido lugar procesos de elaboración individual, sino en tanto persona social. Nuestros prejuicios de clase son adoptados en la medida en que nuestro yo social ha verificado su función en el seno de una clase determinada. Ahora bien, la racionalización que enton-

Lo que planteamos ahora, al tratar de la incomunicación judicativa, es lo siguiente: ¿por qué tras un juicio estimado como justo, tras una justificación, como se dice en el uso coloquial del término, de una realidad como negativa, como rechazable, se verifica el rechazo, es decir, la incomunicación?

La respuesta a este interrogante no es simple. La contestación trivial de que al ser negativa es rechazable, o de que la negatividad debe conducir, de modo lógico, al lógico rechazo, no es satisfactoria. El rechazo de una realidad, por el hecho de que se considere justamente como negativa, no es «práctico» y, por tanto, no es lógico. Es fácil volver la espalda ante el vómito que ante mí es dado en la calle por donde voy; quizá no pase nada. No obstante, quizá fuera lo más práctico verlo y sobrepasarlo. Quizá el cerrar los ojos me depare pisarlo sin querer.

¿Qué debiera hacer, si he de hacer lo más práctico, que es el huir, si ante mí emergiese una amenazante cobra? ¿Negar la realidad, negar su importancia, no verla en todas sus posibilidades de ataque real, sencillamente porque no me es grata? Por fortuna, las cobras no nos salen al paso por nuestras ciudades. Pero sí «los otros». Esos «otros» pueden ser, en efecto, amenazantes también, bien para nuestro ser material, corpóreo, bien para nuestra sensibilidad, por representar valores inacordes con los nuestros. Pero esos otros están ahí y mi recha-

---

ces se adopta no es una racionalización individualizada, como la que ha de tener lugar allí donde el prejuicio es exclusivamente mío, sino una racionalización que el grupo o clase a que se pertenece nos presta. El conjunto de estos prejuicios, el sistema que los engloba, se denomina ideología, y por eso la concepción marxista ha hecho depender la ideología de las condiciones objetivas que como persona social se posee. Hay, pues, un paralelo entre «racionalización» en la concepción psicoanalítica e ideología en la concepción del materialismo histórico. Mientras la racionalización concierne a la psicosociología, la ideología corresponde a la sociología de la cultura.

zo de ellos no puede «justificarse», porque, quiera o no, son «mis» otros, con los cuales he de contar si he de saber operar con ellos. En cualquier caso, la incomunicación no es la pauta de conducta práctica. Es más, es precisamente la contraria la que debe lógicamente adoptarse. Saber que esos otros están ahí, saber cómo están respecto de mí, saber qué pueden hacer para o contra mí. Saber de ellos más y más. Ello no implica que, al propio tiempo, los «valore» para estimarlos o desestimarlos, pero en ningún caso inhibirme de su comunicación. Porque tras la comunicación la realidad va a reflejarse en mí y he de adquirir conciencia plena de la significación de su presencia. Una realidad «inaceptable» no debe nunca ser una realidad inaceptada, porque, queriéndolo o no, esa realidad es «mi» realidad, y yo no sólo estoy en la realidad, por inaceptable que para mí sea, sino que debo estar-sabiendo de la realidad.

¿En dónde radica el fallo que la incomunicación judicativa supone? Naturalmente en la incomunicación, merced a la cual nos autocondenamos a la inapercepción de la realidad. Pero, según pienso, es ante todo de interés saber por qué se adopta la incomunicación como conducta resultante en este caso.

Para decirlo de entrada, aunque a renglón seguido procedamos a su análisis lógico-psicológico, lo ocurrido aquí es lo siguiente: la valoración negativa que se ha hecho de una realidad —una persona, una situación, en fin— ha sido suscitadora de una *praxis,* en este caso rechazante. Se ha aprehendido la realidad y se ha valorado, pero en vez de adoptar la pauta positiva, cual sería huir, defenderse atacando a mi vez, convencer, etc., me he limitado a resbalar sobre la realidad y a intentar la búsqueda de otra realidad que, al ser gratificadora, me depararía una estimación positiva y, en consecuencia, me dispondría a su aceptación. La incomunicación con la realidad resultante en el primer caso es la consecuencia de considerar que los valores son cualidades de las personas y las cosas que componen la realidad, cuando en verdad son meros atributos que hacemos sobre esas personas y cosas. Las personas, las cosas, no son buenas ni malas, agradables o desagradables, etc. Simplemente son y están ahí (o aquí y ahora) y *nos* son buenas o malas, agradables o desagradables, pero siguen estando ahí. Creer que dejan de estar porque no las queramos ver es una ilusión equivalente a la de algún suicida que estima que con su destrucción aniquila al mundo. Pese a que buena parte de la filosofía actual que hoy estimamos válida (desde el marxismo hasta el positivismo lógico, el neopositivismo lógico, el análisis filosófico, etc.) ha desmontado el mito de la objetividad de los valores, y ha mostrado, a su vez, junto a la relatividad de los mismos, el carácter subjetivo de ellos, la verdad es que seguimos operando *como si* los valores fueran cualidades de los objetos, es decir, objetividades a su vez. Y la internalización de esta falsedad es la que suscita la valoración o estimación de los objetos por sí mismos y *no en relación con el sujeto que hace la estimación.*[13]

Pero el fracaso que supone la incomunicación, por la adjudicación de un disvalor a un objeto (que, repito, está ahí y del cual no prescindimos porque prescindamos), o la comunicación, que luego ha de resultar fallida, por haberle adjudicado un valor positivo (valor) a otro objeto —que no por ser comunicación ha de derivar siempre en certera comunicación— viene dada por el carácter totalizador que se deriva de la falacia de la objetividad de los valores. Al ser un objeto valorado positivamente, tendemos a aceptarlo *in toto.* Contrariamente, al ser un objeto disvalorado, tendemos a rechazarlo en su to-

13. Sobre la subjetividad de los valores cf. *supra,* página 30, nota 22. Quien desee más información al respecto puede consultar el apéndice de mi libro *Un estudio sobre la depresión,* y también *La Culpa.*

talidad. Pero esto es producto de una «racionalización», mediante la cual «justificamos» nuestra aceptación por la apreciación como «bondad del objeto», a través del rasgo de él que nos resulta bueno, y como «maldad del otro objeto» a expensas de aquel carácter de él que nos resulta malo. Tal norma de conducta, inherente a la internalización de una ideología que nos ha dado los valores como absolutos y como intrínsecos a los objetos, conduce siempre al error, es una conducta errada. Porque en el caso de la estimación de la persona o cosa como mala nos priva de ella, con nuestro rechazo, haciéndonos invisible lo que también ha de tener de positivo para nosotros. Decía Engels que las respuestas «sí, sí, no, no» eran respuestas metafísicas, porque todo tiene su sí y su no.[14] La aceptación del sí, no deja ver lo negativo de esa realidad valorada como positiva en un primer momento. La aceptación del no, impide ver lo positivo de esa realidad valorada como negativa que de entrada, hemos proyectado sobre la realidad toda. Toda incomunicación —judicativa o prejudicativa— es negación. La incomunicación judicativa es la racionalizada, «justificada», negación.[15]

14. Citado en GOLDMAN, *El Hombre y lo Absoluto*, trad. cast. Barcelona, 1968.

15. Si en pocas palabras queremos establecer la diferencia esencial entre la incomunicación prejudicativa y la judicativa, en orden a su génesis, podemos decir, aunque el lector probablemente lo habrá deducido de nuestra exposición: la incomunicación prejudicativa proviene de actitudes asimismo prejuiciosas adquiridas en la infancia, de modo que tienden a proyectarse sobre *toda* la realidad, con carácter generalizador. Mientras que la incomunicación judicativa proviene fundamentalmente de la racionalizada adopción de aparatos seudológicos que el sujeto recoge merced a su enclave dentro de una clase y grupo determinados Por eso, la primera es (fundamentalmente) personal, la segunda (fundamentalmente) social. La primera conduce a formas individualizadas de ser; la segunda, a modos sociales, inherentes a la ideologización de la clase y grupo.

Tercera dimensión: la dimensión extensional

Hasta ahora nos hemos ocupado, en las páginas inmediatamente precedentes, de la incomunicación que se verifica en una realidad que es dada como presente, como un ahora vivido como tal. A estas formas presentuales, actuales, las llamamos *intensionales*. Suponen la contracción, en un ahora, de actitudes que el sujeto puede mostrar tan sólo ahora. Las actitudes frente a otra realidad que le dé en el futuro, en un ahora por venir, pueden ser distintas, incluso opuestas. Esa es la tercera dimensión que estudiaremos a renglón seguido.

Se trata de una *incomunicación extensional*, que afecta a la relación de la persona con la realidad en su devenir temporal y que tiene un carácter permanentemente intransitivo. La persona adquiere así, de su hábito inveterado de no saber de las cosas y de los otros (entiéndaseme: no se trata de un no saber absoluto, sino de un no saber más o menos cuantioso), el carácter de hombre-mónada, que está en la realidad sin sentirse en la realidad. El caso extremo de la incomunicación extensional se da en ese artefacto humano que es el hermético, el autista, que se ignora de sí mismo, y que se ignora hasta un punto que su silencio apenas nos hacía sospechar. Tales personas han de hacerse intransitivamente, y ello sólo es factible en la evasión fantástica. Mediante la elusión de la realidad y la reflexión de sí mismo que sólo les depara su fantasía, son ellos mismos seres irreales, en cierto modo fantasmas que están con nosotros en la realidad y que habitan junto a nosotros, llevados en la práctica por la realidad, sin intervención propia en ella. La falsa dialéctica de la oposición no ser - ser lo que deseo ser, no ser - ser lo que imagino ser, no vivir - vivir como me imagino que vivo, revierte luego, mediante un *efecto boomerang*, en más y más desrealización. Están en la realidad sin realizarse en ella. Desrealizándose, por el contrario; dejando de ser cada vez menos sí mismos y más aquello que en su irrealidad experimentan ser. La esquizofrenia y las muchas otras formas de delirio crónico nos deparan ejemplos dramáticos de desrealización progresiva, con la subsiguiente destrucción y vaciamiento de la personalidad. No es una casualidad el que la mejor terapia de la incomunicación sea, primero, la inmersión en el trabajo, como forma de hacer en la realidad más elemental que son las cosas, para pasar, si se puede, con ulterioridad, a la otra, y más terrible, realidad que son «los otros». La incomunicación extensional muestra el rechazo de toda realidad ahora y siempre, a partir del rechazo, no superado, de la incomunicación, en un primer momento meramente intensional. La incomunicación extensional revela la pérdida del sentido de la realidad en su conjunto, y la extensionalidad que se practica, desde un valor negativo adjudicado a *una* realidad, a una valoración negativa de *toda* la realidad. La evasión simultánea a la fantasía, al mundo de la simbología individual, significa —según creo— que los valores que atribuye no tienen de común nada con los valores de la comunidad y, en consecuencia, valoran a su modo, de la manera más individualizada posible. En la medida en que esos sus valores, por su carácter individual, carecen de significación para los otros, no le son útiles para operar con ellos, es decir, *para entenderse.* El esquizofrénico puede llamar bueno o malo lo que sólo a él se le ocurre calificar de tal. La peculiaridad de sus valores le aísla cada vez más de los demás, en tanto son valores intransferibles a los otros. El carácter solipsista de su valoración de las personas y las cosas le hace ser incomprensible, sin sentido, loco, para todos los que con él habitan y, al propio tiempo, sentirse incomprendido. Aun todavía, en los comienzos, su lenguaje es común, se le entiende, pero no se está conforme con él. Pero él sabe también que no se está conforme con él.

Más tarde, ¿para qué hablar el común lenguaje? Se va a denominar a las personas y a las cosas de acuerdo a los valores que por sólo él son apreciados. Para ello habrá de construirse un lenguaje propio. Con posterioridad, a medida que el proceso avanza, ni siquiera las personas y las cosas que están ahí se viven como estando ahí. Categorialmente son idénticas a esas seudopersonas y seudocosas que viven en su fantasía. Su fantasía, por fin, es ya su única realidad, es su único mundo. Con la adquisición de un mundo propio la incomunicación extensional con nuestra realidad se ha cerrado definitivamente, y respecto de nosotros, que estamos también en su realidad, aparece como ex hombre.

Incomunicación en la cotidianidad

Quizá el aspecto más interesante de la incomunicación en orden a la visualización de su trascendencia, lo depare el análisis de la vida cotidiana.[16] Por-

16. La vida cotidiana ha sido objeto de reiterados análisis y representa un aspecto altamente considerado en algunos sectores del pensamiento actual. El punto de partida del mismo, en una consideración existencial, debe verse en KIERKEGAARD (su pensamiento a este respecto está disperso, dada la peculiar estructuración de su obra: se encuentra en su *Entweder-Oder;* existe trad. cast. con el título de *Estética y Ética en la formación de la personalidad,* B. Aires, 1955. También en los *Post-Scriptum aux miettes philosophiques,* trad. franc. París, 1941, y especialmente en *El Concepto de la Angustia,* trad. cast. 3.ª edic. B. Aires, 1949) y también en NIETZSCHE (especialmente en *Humano, demasiado humano* trad. cast. *Ob. Comp.* III, Madrid, 1932). Posteriormente aparece en HEIDEGGER (*Sein und Zeit,* IV, 71, 6.ª edic. Tubingen, 1949) y en SARTRE (*L'être et le neant,* París, 1943, especialmente en el cap. II, «La mauvaise foi»). Sartre recoge puntos de vista no sólo de Heidegger sino del psicoanálisis. Que yo sepa, la obra de FREUD, *Psicopatología de la vida cotidiana* (en *Obras Completas,* trad. cast. dos vols. Madrid, 1948) no ha sido objeto de una exégesis en orden a su significación para una antropología general. Quizá su

que, al fin, la cotidianidad compone el más amplio intervalo de la vida del hombre. Es más: sólo en la cotidianidad se alcanza a ver los efectos de la incomunicación. La vida inusual sume al sujeto en la expectación y en la sorpresa, y por tal motivo comporta un alejamiento de sí mismo y de los que le rodean que no depende de la persona misma, sino del dato que ahora se presenta en la realidad. Claro está que el carácter de inusual no basta simplemen-

---

mismo carácter divulgador haya sido un obstáculo para que este texto sea visto en profundidad.

Pero el análisis de la cotidianidad ha sido verificado también bajo una consideración dialéctica en el sentido del materialismo histórico (la consideración heideggeriana es dialéctica, más sin contactar con niveles infraestructurales de la realidad y, por tanto, pese a su constante referencia al carácter óntico de la misma, es una consideración dialéctica parcial. Si queremos perseguir, aunque sea brevemente, el pensamiento marxista referido a la cotidianidad, el primer esbozo de la misma puede verse en los *Manuscritos economicofilosóficos*, de MARX, 1.er manuscrito, XXII, *El trabajo enajenado* (cf. MARX, *Manuscritos economicofilosóficos*, trad. cast. Madrid, 1968); posteriormente en la introducción de los *Grundriss*, de Marx (cf. MARX, *Fondements de la Critique de l'Économie Politique*, trad. franc. dos vols. París, 1967, I, Introducción, especialmente págs. 34 y ss.) y en *El Capital*, I, Sec. 1.ª, cap. I, 4 (cf. MARX, *El Capital*, trad. cast. 3 vols. 3.ª edic. México, 1964). Un desarrollo de estas tesis, con miras sobre todo a la consideración histórica, puede verse en LUKÁCS, *Estética*, vol. 1, *Los problemas de la vida cotidiana*, I, «Caracterización general del pensamiento cotidiano», trad. cast. Barcelona, 1965. Desde nuestro punto de vista resulta especialmente interesante el desarrollo lógico de Kosik, sobre todo en lo que concierne a la relación sujeto-objeto, así como a la afirmación de que la destrucción de la pseudoconcreción del mundo enajenado de la cotidianidad ha de posibilitarse como enajenación, modificación existencial y transformación revolucionaria. (Cf. KOSIK, *Dialectica del concreto, Metafisica della vita quotidiana*, Milán, 1965.) Bajo otros objetivos, pero también dentro del pensamiento dialecticomaterialista, es original el análisis de H. LEFEBVRE, *Critique de la Vie Quotidienne*, dos vols. París, 2.ª edic. 1958, especialmente el cap. IV de la *Theorie du champ sémantique*.

te, como veremos luego, para que el dato sea capaz de «absorber» al sujeto. Es preciso que el sujeto mismo sea capaz de valorarlo, por ejemplo como asombroso, es decir, de interesarse en él. La constatación de este factor subjetivo no es baladí. Precisamente, el hecho de que datos de índole infrecuente en la realidad de una determinada persona no sean capaces de comportar interés para ella, denota, por sí, la profunda incomunicación, o, mejor, cómo la incomunicación con la realidad —persona o cosa— no se verifica ya a niveles tan sólo superficiales, sino ni tan siquiera más hondos, y a los cuales hemos hecho amplia referencia con anterioridad.

Esta consideración sitúa, pues, el problema de la incomunicación bajo una perspectiva hasta ahora no analizada, a saber, la de que cada pauta de conducta que revela la parcial o total incomunicación debe asimismo ser considerada respecto del nivel de la estructura persona-realidad en que se verifica. Así, ciertamente, hay personas para quienes la incomunicación acontece en el plano de la inhabitualidad. En todo caso, esta consideración nos ha de deparar hasta qué punto el hábito de la incomunicación, que ha de ser concebido como incapacidad *ya* para la comunicación, ha penetrado en la intimidad del sujeto provocando en él un aislamiento que no es sólo ante la realidad cotidiana, sino también ante toda realidad. Para el análisis y, muy especialmente, para la conducta a seguir, allí donde se es requerido para hacer superar esta situación de hecho, esta triple dimensión de la incomunicación —en la horizontalidad y verticalidad del presente y en la extensionalidad que es la vida entera— es de interés.

Lo que caracteriza a la cotidianidad es que los datos que se obtienen de la realidad son datos «ya sabidos», con los cuales es fácil operar a través del hábito. Pero, en una mirada más atenta, de lo que se trata en la cotidianidad no es de que la realidad suministre sólo esos datos ya sabidos, sino de que el sujeto hace de forma tal *como si* la realidad fuera siempre la misma. De modo que hay que imaginarlo como un proceso activo, como un dinamismo de defensa que el sujeto adopta frente a la realidad, haciendo de ella una realidad siempre igual. La verdad es que, aun en la aparente siempre igual realidad, es cuestión de *saber ver*, de *querer ver*, o bien «siempre lo mismo», o bien «siempre lo distinto».[17] Estas dos posturas ante la realidad son, en último término, dependientes del sujeto que está en ella y que es parte de ella. Se está en apariencia «más seguro» si la realidad «es» siempre la misma, o se hace de ella como si fuera siempre la misma, que si se adopta frente a ella una actitud presquisitiva que obliga a la vigilancia permanente del sujeto frente a la realidad. Es un hecho que hay personas para quienes la realidad, en apariencia siempre la misma para un tercero, no es en modo alguno igual, de manera que en todo momento están ante la realidad atentos, y la realidad —repito: en apariencia siempre igual— es permanentemente objeto de su atención por cuanto saben extraer de ella lo que tiene de distinto. En el fondo, estos son los que están de verdad en la realidad con conciencia de la realidad. Porque el que la realidad sea siempre la misma es tan sólo una abstracción. La realidad es permanentemente cambiante, mutable, y verla, pese a todo, como la misma de antes o la de después, es cuestión, pues, de *actitud del sujeto* de la realidad.

17. En la *Estética*, de Lukács (trad. cast. 1966, I) he recogido esta cita de Goethe, interesante en este contexto: «Cada existente es un análogo de todo lo que existe; por eso, la existencia se nos aparece simultáneamente separada y unida. Si se sigue demasiado fielmente la analogía, todo se confunde en una identidad; si se la evita totalmente, todo se dispersa hasta el infinito. En ambos casos se tiene un estancamiento de la consideración: una vez como supravital, en el otro caso como muerta.»

Pues bien, en la vida cotidiana hay la tendencia a apreciar la realidad como estática, como siempre igual, como la misma. Gracias a ello, se compensa la inseguridad que la persona en su interioridad comporta ante una realidad forzosamente cambiante. Pero ello implica, según hemos dicho, una actitud de la persona, es decir, un proceso activo, de *rechazo de lo cambiante* de la realidad. Al no querer ver lo cambiante de la realidad en uno y otro momento, yo puedo moverme seguro en la realidad. Por eso de tratarse de un no querer, el precio de la seguridad que así se consigue es el aburrimiento. En el aburrimiento, las personas, las cosas, son «siempre lo mismo». La vida misma se vacía de todo contenido, no porque en ella no haya nada siempre nuevo, sino porque el hábito de no querer ver en la realidad nada inquietante conlleva la homogeneización aparente de la misma en un vacuo modo de aprehensión. Si al propio tiempo el aburrimiento «pesa como el plomo», no se intenta vencer con la consideración seria de nuestra existencia, sino, todo lo más, con la búsqueda de meras incitaciones distractivas que nos hagan salir por sí mismas de nuestro aburrimiento.

El aburrimiento, pues, se presenta como la carencia de una actitud vigilante frente a la realidad, y la vacuidad de esa realidad —y de la persona, que es elemento de ella— es tan sólo un resultado. La vacuidad es expresión del sin-sentido que a la vida misma confiere el sujeto que está aburrido.

Pero importa llamar la atención sobre la génesis del aburrimiento, para lo cual atendamos en un primer momento a lo que no es. No es, ante todo, una indiferencia activa, como la que se derivaría del rechazo de una situación que objetivamente no me interesa. Se trata de una indiferencia que se ve el sujeto forzado a experimentar, aun sin quererlo. El fenómeno del aburrimiento requiere tanto el sujeto que se aburre como un objeto, lo que aburre. Por eso, la formulación más precisa no es la mera comprobación de que «estoy aburrido», sino también de que «esto me aburre». Aun queriéndolo, en el aburrimiento no es posible el apegamiento de la persona al objeto (los otros, las cosas) que componen la realidad restante a él. Por eso, en una mirada superficial, el aburrimiento aparece en dos circunstancias: *a*) cuando el sujeto no logra —no puede— interesarse por los objetos; *b*) cuando los objetos no logran interesar al sujeto. Ambos puntos deben darse de consuno para que el aburrimiento aparezca. Porque, de hecho, si los objetos no logran interesarme no por ello el aburrimiento aparece, sino que en este caso lo que tiene lugar es un rechazo, el cual requiere una actividad por parte del sujeto, resultado de su irritación, por ejemplo, pero en modo alguno del aburrimiento. En el aburrimiento ni siquiera se rechaza activamente al objeto, sino que se trata de la adopción de una pasividad que impide la comunicación de la persona con él.[18] Quiere esto decir, *que el aburrimiento está en el sujeto* y no fuera de él. Un hombre no aburrido puede no gustar del fútbol, pero, en ese caso, o deja de verlo o lo ve desde otro ángulo, si por cualquiera circunstancia no le es posible eludirlo. Entonces saca partido de esta forzada situación y la aprecia en lo que sin duda tiene de positividad, verbigracia, la estupidización del público ante el partido, los fenómenos de comportamiento colectivo, etc.

Si atendemos ahora a las situaciones que depa-

18. Cosa que para todos es obvia, menos para el que está aburrido, que intenta proyectar por fuera de sí el aburrimiento que tiene, y del cual desearía no responsabilizarse. Así se dice «Esta ciudad es aburrida» o, simplemente, la exclamación «¡Qué aburrimiento!», como si el aburrimiento estuviese ahí, a modo de propiedad de una situación y no en el aquí del sujeto que la pronuncia.

ran aburrimiento observamos que pueden deslindarse en ellas distintas categorías: *a*) la más frecuente es aquella en la cual la persona no logra interesarse por lo que pasa a su alrededor, sencillamente porque en el trasfondo existe para él una preocupación que quiere eludir. Claro es que si la preocupación le absorbe no puede decirse que el sujeto está aburrido. Pero si, por otra parte, quiere eludir aquello que le preocupa, trata de conseguirlo merced a la inmersión en *otra* realidad que no sea *su* realidad, y que le despreocupe. Ahora bien, esta nueva realidad externa a él no le absorbe, no puede sustraerle de su realidad interior, y entonces aparece un a modo de aburrimiento flotante en el que la persona ni logra salir-de-sí ni tampoco estar-en-sí. *b*) Otra categoría concierne a aquellas personas en las que no es posible conseguir de ellas interesarse por nada. Todas las cosas aparecen inanes, vacías, incluso su propia vida. La persona aparece imbuida de un profundo escepticismo, inherente a la conciencia del escaso o nulo valor de la existencia toda. Este tipo de escéptico ha logrado alcanzar por sí mismo la conciencia de la relatividad del valor de todas las cosas y de todos los actos, pero en vez de, a través de ella, obtener a su vez la conciencia de la validez para un determinado momento, concluye, en su nihilismo, que al ser los valores subjetivos y, por tanto, cambiantes, nada, en efecto, es en ningún momento valioso. Este aburrimiento existencial es profundamente aniquilador para la persona, la cual no posee ya recurso alguno de donde extraer instancia alguna para operar en la realidad. Nada vale, luego no hay nada que hacer, ni nada que valga la pena hacer. Como decía Manuel Machado,

que se tome la vida la pena de matarme
ya que yo no me tomo la pena de vivir.

c) La última categoría a tratar es el aburrimiento que se intenta vencer, superar, aun sin fruto. En él, no se percibe que el aburrimiento está en sí, sino que se piensa *como* fuera de sí. Por tal motivo, el aburrido de esta forma pretende encontrar en la realidad externa a él la fórmula, algo, que le sustraiga de su propio aburrimiento. Lo que los caracteriza es la constante, permanente, búsqueda de cosas que los distraigan. Atribuye a la realidad ser aburrida, sin concienciar que el aburrimiento está profundamente anclado en él. De este modo, la persona está ansiosa de distracciones, no sabe qué hacer que le distraiga, quiere en todo caso encontrar algo que, aunque sea de momento, le sustraiga del aburrimiento que oscuramente intuye que le amenaza.

Hay, pues, un aburrimiento intensional y extensional. En el primero de ellos se siente hastío-de, pero no se está hastiado. En el segundo se está (definitivamente, o, cuando menos, permanentemente) aburrido, es uno el que vive ya toda la existencia como tal como un hastío. Denota, este segundo caso, una más profunda penetración del aburrimiento en la interioridad de la persona. En ambos casos, se trata de un no hacer, de la omisión de la acción, precisamente a través del hiato entre él y la realidad restante. Pero al no hacer, al dejar de hacer, al propio tiempo que la realidad requiere hacer, la persona se distancia más y más de la realidad, se aísla más y más en ella. Su dejar de hacer es aniquilarse, porque de alguna manera la persona es meramente lo que hace, y no hacer significa, pues, dejar de ser. El proceso del aburrimiento extensional, el ser ya un hombre hastiado, imposibilita toda realización y, en última instancia, la persona se autofrustra por su no realización.

La conciencia —más o menos clara— de la incomunicación que el aburrimiento implica incita a su superación, tanto más cuanto que el carácter aniquilador del mismo (a través de la conciencia del devenir temporal, de la «pérdida del tiempo») aparece con relativa solvencia en el primer plano de la persona. Pero el aburrimiento no puede superarse fácticamente más que a través de un hacer a su vez efectivo sobre la realidad. Ello sólo es posible tras la obtención de la autoconcienciación de la situación en que se está: el hiato efectivo existente entre la persona y la realidad, la incomunicación práctica verificada entre ambos existentes. El aburrimiento que la cotidianidad supone exigiría para ser superado un cambio de actitud en la persona, merced al cual el compromiso con la realidad se hiciese de una vez y —valga la expresión— «para siempre».[19] Pero si bien el aburrimiento incita a su superación por la incidencia que sobre la persona verifica —y en este sentido se nos ofrece en lo que tiene de positividad—, es el propio temor a la comunicación, y el temor a la realidad de ella derivada, lo que incide, ahora también, para que el aburrimiento persista y la persona permanezca en su statu quo. Esta es la faz negativa del aburrimiento, mediante la cual tiende a perpetuarse y a cerrarse en sí mismo, alimentándose más cada vez de sí mismo, en una circularidad viciosa que lo incrementa progresivamente. De hecho, en la vida cotidiana, el aburrimiento llega a ser cada vez mayor en la mayoría de los casos. Pero una forma de seudosuperación la ofrece esta tercera categoría de aburrimiento, que intenta negarse mediante la búsqueda en la realidad de nuevas y constantes incitaciones inusuales. Que se trata de una seudosuperación parece evidente, tanto más cuanto que tales nuevas incitaciones sólo ofrecen la posibilidad de una absorción pasajera del sujeto,

19. La expresión «para siempre» no significa que, de hecho, de ser superado el aburrimiento extensional, se obtenga una superación definitiva. Lo que se quiere decir es que la superación del aburrimiento de esta índole debe verificarse con el propósito de ser «para siempre» (aunque quizá no lo sea), en un salto cualitativo que subsane la incomunicación entre el sujeto y la realidad.

tras la cual deviene nuevamente el hastío y la oquedad. La búsqueda de distracciones, en otras palabras, de modos de comunicación posible con una realidad con la cual existe una separación real, es, pues, expresión de la *necesidad de comunicación*, que adopta, sin embargo, una forma falsa, incapaz por ella misma de procurar el pleno compromiso con la realidad. Aun en casos tales, sigue siendo válida la formulación de que el aburrido «no sabe qué hacer» porque, ante todo, ha dejado de saber qué hacer consigo mismo y con los demás. Ha perdido ya el hábito de utilización del instrumento de la comunicación. No sabe ser espontáneo; porque no sabe de qué hablar.

La rutina.

La cotidianidad se ofrece así como un uso superficial de esos objetos de la realidad que son los hombres y las cosas. La superficialidad, como decíamos, comporta la homogenización de toda la realidad. Todo es siempre lo mismo, o, mejor, todo aparece, se nos antoja, como lo mismo, como siempre igual. Esta homogenización, proyectada sobre los objetos de la realidad, conduce a la rutina, en la cual se opera siempre con las (distintas) cosas como si fueran siempre las mismas cosas. Cada día se ofrece asimismo como el anterior y el mañana mismo no puede deparar sorpresa alguna al respecto. Mañana será como hoy. Nunca pasa nada. Cada cosa, cada hombre, tiene siempre el mismo valor, es siempre el mismo, nada de ella o de él depara la posibilidad de encantarnos con un nuevo descubrimiento. La vida es vivida rutinariamente. Literalmente, la vida transcurre siempre por la misma ruta.

Lo característico de la rutina, de la cotidianidad, es, pues, el que los objetos de la realidad —los hombres, las cosas— se muestran siempre petrificados, como siendo siempre lo que una vez fueron. En la vida cotidiana se cae en esa forma de aprehensión que se denomina estereotipada. Cada objeto de la realidad es ya, para siempre, lo que fue. Tales objetos *son ya*, al margen del cambio que en ellos ha de verificarse, lo que se estima que son, y han de seguir siendo lo que son. Si la vida cotidiana, la rutina, ofrece seguridad a quien la vive, es precisamente merced al hecho de que, cualquiera sea la movilidad que pueda poseer, se está dispuesto a no ver en ella sino lo estático e inmóvil.

Los objetos petrificados se tornan de esta forma fetiches, simples representaciones de los objetos de la realidad, que valen para siempre, y que valen como si fueran la realidad a la cual no se logra aprehender por la incomunicación preexistente. De aquí, como veremos, el carácter de símbolo que el fetiche posee.

El fetichismo surge —cualquiera sea la esfera específica en la que se dé: la sexual y la económica, que son las paradigmáticas, por cuanto componen las formas más concretas de transacción e intercambio entre nosotros— allí donde no es posible la aprehensión de la realidad como tal, es decir como un todo, a la cual nos sentimos instados. El fetiche religioso surge por la imposibilidad de aprehensión de la deidad, y la sustituye. El fetiche sexual —un zapato, una fotografía, unos cuantos cabellos...—, ante la conciencia de la impotencia frente a la posibilidad de poseer el objeto sexual en su totalidad. El fetichismo del dinero emerge, y se ansía la acumulación del dinero en sí mismo, ante la incapacidad para aprehender el poder que el dinero representa. El dinero surge como intermediario para la transacción de cualquier cosa. Por ello mismo, el dinero llega a servir en cuanto que con él se adquieren cosas y al propio tiempo se amplía el campo de posibilidades de acción de la persona que lo posee. Pero el dinero mismo no es poder, poseer, etc., más que cuando se invierte en la compra. La consecuencia es que el poder del dinero por sí mismo es nulo y, por decirlo así, tan sólo potencial. Tener *solamente* dinero es no tener nada, por cuanto que por sí mismo es la representación de los objetos que se pueden comprar, más no los objetos mismos. Tener dinero es poder-tener, pero todavía-no-tener. La fetichificación del dinero estriba en la adjudicación de un valor por sí mismo, como posibilidad de, no como realidad. Poseer mucho dinero es la posibilidad de poder mucho, pero claro está que mientras se tenga *el* dinero no se tiene *el* poder aún. La fetichificación se hace mayor cada vez, a medida que se hace visible que sólo a través del adquirir se tendría realmente el poder y el poseer. Pero ello implica dejar de tener dinero, y como ya se le ha adjudicado al dinero un valor (irreal, fetichista), no se adquieren las cosas para seguir tan sólo con el dinero como (representativo de) todo valor. La consecuencia es que a medida que se incrementa el valor del fetiche se hace más inviable la posibilidad de intercambiar el fetiche por el objeto que primariamente se deseaba. Se vive entonces de la ilusión del «yo podría si», olvidando que en verdad se deseaba poder ser. A mayor valor del fetiche, menos posibilidad de intercambiarlo por aquello que anteriormente representaba. En última instancia, se cae en el ritualismo, en la adoración del fetiche, y se pierde la total comunicación con el objeto que simboliza. El avaro quiere ya el dinero por el valor que para sí mismo posee como tal dinero, y acaba por no desear aquello para lo cual al principio deseaba tener dinero. No come, porque ello significa gastar *el* dinero. No ama, porque ello implica gastar *el* dinero.

Pero, es cierto, con el dinero podría intercambiar alimentos y gratificación sexual. Nada de ello importa ya frente al valor maximalista que el fetiche ha adquirido en su relación con él y que acaba por dominarlo totalmente. El ritualista religioso acaba por no amar a su dios, sino tan sólo acumular rezos y objetos que le dan la irreal conciencia de que posee a su dios. El fetichista sexual prefiere vivir en la irreal posesión del objeto que los símbolos le confieren, antes que eliminarlos para la plena comunicación erótica con un objeto de la realidad.[20]

El fetichismo se da precisamente en la cotidianidad como expresión de la incomunicación entre la persona y la realidad. No se relaciona ya el sujeto con la realidad sino con aquello que la representa: el fetiche. Dada la constancia del fetichhe, éste cumple el cometido de la operatividad rutinaria, cual es el ser siempre el mismo, no sorprender.[21] La cotidia-

20. El fetichismo, la actitud fetichista, es expresión, pues, de la impotencia del sujeto para la aprehensión de la persona o cosa que está tras el fetiche. La posesión, no obstante, del fetiche le confiere la ilusoria conciencia de que ha poseído también («podría poseer si quisiera») al objeto que tras el fetiche se oculta.

21. El fetiche se constituye así en objeto que puede ser dominado, en contraste con la realidad que representa, que es inalcanzable para el sujeto. De esta forma, el fetichismo cumple el principio de evasión hacia la fantasía allí donde la realidad es inasible. En la esfera sexual se hace muy visible esto que acabamos de decir. Así, por ejemplo, el masturbador inveterado logra fantasmáticamente la posesión de aquellos objetos eróticos que son imposibles para él en la realidad. Las fantasías optativas son a este respecto de un gran interés y muestran la conducta que al sujeto gustaría adoptar, de serle posible, en la realidad. La fácil habituación a la masturbación procede del hecho, entre otros, de que en su fantasía logra habitualmente dominar la situación, frente a la realidad ante la que muestra una infantil impotencia. Digo infantil, porque la impotencia ante la realidad podría ser real (muchos objetos eróticos deseados son inasequibles por muchos conceptos), pero la madurez en la impotencia deberá deparar la búsqueda de suplantaciones reales, inclu-

nidad es, por eso, lo opuesto al vivir espontáneo, siempre inédito, siempre susceptible de ofrecernos la posibilidad de dársenos como nuevo y de renovarse en nuestra nueva comunicación con la realidad.

Reificación

El proceso de petrificación en la cotidianidad culmina en los tratamientos de las personas y las cosas mediante el lenguaje. La petrificación del lenguaje expresa, de modo palmario, la circularidad viciosa de este proceso. En un primer momento, la persona trata a los objetos de su realidad cada vez menos en su significación real y más en su representatividad. Cada objeto tiene «su papel» y es cada vez menos el objeto que es. El reloj no sirve solamente para marcarnos el tiempo, sino que es ante todo la joya que ostentamos; nuestros vestidos no son ya lo que nos cubre, sino lo que nos señala en cuanto indicadores de nuestro *status;* nuestros saludos son una serie de gestos que comportaría un grave error aceptar en su profunda significación y que hay que tomar *cum grano salis,* etc. La familiaridad con las personas y las cosas se verifica sobre la base, no de lo que las personas y las cosas son, sino de lo que representan. Tratamos, pues, con «imágenes» de cosas y personas: este hombre que viene hacia mí no es ya un hombre, sino «don F.»; o bien, «el» médico, «el» profesor, «el» limpiabotas. Esta mujer que aparece en mi campo pragmático es «la» enferma, «la» cocinera, «la» señorita de... Nuestro comportamiento es por demás fácil cuando tratamos con tales imá-

---

so de resignación, mas no en modo alguno la pueril satisfacción puramente imaginaria. Lo mismo podría decirse de formas intrínsecas del fetichismo, como advertimos en la nota anterior.

genes y no con los objetos de la realidad poseídos de sus cualidades intrínsecas. De esta forma, nos relacionamos con ellos merced no a lo que son, sino a la serie de connotaciones supraestructurales derivadas del papel que representan en nuestra vida más superficialmente social. Con ello se ha perdido el hábito de tratar con tales objetos de la realidad en sus connotaciones reales, según puede apreciarse de modo ostensible en el hábito del lenguaje. Mientras que el lenguaje transcurre fácil, fluido, cuando se pone al servicio de las imágenes de los objetos, fracasa si pretende establecer, por bajo de ellas, una comunicación. Este hombre que sabe presentarse, que se comporta hábilmente, dedicando a cada cual la palabra adecuada a su papel, es un hombre del que se piensa que está en la realidad. Pero este mismo hombre que sabe decir tan bien lo que es «imprescindible» decir, fracasa cuando de lo que se trata es de hablar de sí o de escuchar a alguien que habla de sí mismo. Los modos de vida sociales eluden la radicalidad de las cosas y de las personas, y la persona en su reificación se desenvuelve con la mayor brillantez, siempre y cuando se mantenga en el ámbito de sus propias reificaciones. Basta quizá «una mirada», más aún, «una pregunta», para que éstas se tornen impertinentes y ese hábil personaje emerja como una persona aturrullada, turbada, que no sabe encadenar la respuesta, salvo para defenderse a su vez con una fórmula elusiva. Del mismo modo que las cosas han sido ya tratadas no en su función primaria sino social —el reloj puede incluso no marcar el tiempo con precisión, con tal que sea «valioso»; los vestidos pueden no cubrir o abrigar, pero son «elegantes»—, tampoco las personas saben ser lo que son, esto es, personas, porque sólo saben ser el personaje que representan.[22] Fuera de la mostren-

22. Como es sabido, la etimología de la palabra «persona» es máscara. De aquí la calificación de *dramatis personae*

ca[23] utilización de «su» lenguaje representativo, que, curiosamente, al no ser el suyo es el que dominan a la perfección, el habla aparece desestructurada e inconexa. Cualquiera que esté familiarizado con las grabaciones de entrevistas en las que el tema afecta a un estrato discretamente inusual de la persona, conoce la extrema desestructuración sintáctica que entonces acontece: «bueno, sí»; «más bien es»; «pero yo diría»; «la verdad es que». Mientras el lenguaje

---

para las que han de representar, como máscaras, el drama que ante nosotros se actualiza por sólo unas horas. Curiosamente, el vocablo persona ha experimentado una transmutación en su significación y hoy se utiliza (lo utilizamos) para significar el resultado del desenvolvimiento del hombre en el mundo. Se es hombre, pero la persona es hecha, señalando así cómo a través de la relación del hombre en su mundo deviene su individualidad en forma de «determinada persona». Sería interesante poder perseguir el proceso que en esta transmutación del significado ha tenido lugar. Es posible que ello nos revelara que la utilización del vocablo persona va ligado a la captación, cada vez más relevante, del hombre como ser social, como sujeto de relaciones sociales determinadas que le obligan al desempeño de su papel. De ser así, la significación actual de persona no estaría tan alejada de su etimología originaria, y tan sólo se trataría de trasladar su concepto de máscara en el drama al de máscara en el teatro del mundo. No obstante, cuando hoy queremos acentuar el carácter de máscara para la representatividad que alguien adquiere en su mundo utilizamos el vocablo «personaje», extraído también de la dinámica teatral.

23. El adjetivo «mostrenco» es adecúa perfectamente al uso extraño, ajeno, del lenguaje, que en modo alguno pertenece al lenguaje propio del sujeto, sino que es totalmente prestado. Un lenguaje mostrenco es el que se habla en determinados círculos sociales, en donde se opera con clisés y otras formas de estereotipias, y que confieren por ello un carácter de señal de pertenencia a ese círculo.

Como se sabe, este adjetivo procede de mestengo o mesteño, mediante alteración que sobre él suscitó el vocablo mostrar. Se aplicaba a la res escapada de la Mesta, sin dueño, aprehendida por otro, y que tenía la obligación de mostrar. (Cf. COROMINAS, *Breve Diccionario Etimológico*, Madrid. 1961.) Los bienes mostrencos son los que no tienen dueño conocido.

directo, concreto, sirve para la comunicación entre esos objetos inexistentes que son las *imágenes* de ellos, para la comunicación con los *objetos* reales el lenguaje aparece a veces ininteligible, de forma que la comunicación se torna imposible. La reificación verificada ha conseguido hacer posible la paradójica situación siguiente: la comunicación es posible entre los seudoobjetos (seudopersonas, seudocosas), mientras que es imposible ya para aquella comunicación con los objetos reales.[24]

La notable consecuencia de la reificación es que —desarrollando un tanto la última inferencia alegada— la espontaneidad sólo se experimenta en la cotidianidad precisamente en el ámbito de la comunicación de lo superfluo. Cuando decimos —con una expresión que se nos antoja en extremo simplificadora— que en la cotidianidad se da la incomunicación, debemos añadir, a renglón seguido, su, en cierto sentido, inexactitud. Hay incomunicación ante el hacer real de los objetos; mas, contrariamente, comunicación entre el hacer falso de los mismos. Adoptando cada cual un determinado papel, que en modo alguno refleja la identidad consigo mismo, la comunicación es posible precisamente en aquel sector de la persona que vive el carácter de personaje. Para la comunicación interpersonal en sentido estricto, el lenguaje cotidiano se muestra totalmente ineficaz, precisamente porque se carece ya de la espontaneidad que confiere el hábito por sí. La profunda cosificación a que se llega puede entreverse si se considera que, contrariamente a lo que se podía suponer, la forma espontánea de comporta-

24. La novela de PERET, *Las Cosas* (trad. cast. Barcelona, 1965), constituye una de las mejores descripciones del proceso de reificación y vaciamiento en la literatura actual. El filme de Alain RESNAI, *El año pasado en Mariembad*, es asimismo una fina muestra de la imposibilidad de comunicación inherente al proceso previo de reificación que ha tenido lugar en un determinado «mundo».

miento no concierne a las pautas más instintuales, sino, por el contrario, a las de mayor relevancia social. Nuestra espontaneidad no se ve, por decirlo así, en el auténtico contacto entre hombre y hombre, sino entre personaje y personaje. La más elemental psicoterapia muestra qué extremos de resistencia puede alcanzarse allí donde un mismo hombre ha de encontrarse consigo mismo, viéndose, no en su papel figurativo, sino en su modo de ser real. No es baladí que Freud postulase la «asociación libre» como forma de penetración en ese estrato profundo de la persona, es decir, por bajo de la persona social; y que un rasgo de esa forma de elocución, que es la «asociación libre», sea la inconexión en el lenguaje, su desestructuración sintáctica. Y la contraprueba: que allí donde la expresión lingüística adopta una forma sintáctica correcta puede ya, por ello mismo, dudarse acerca del valor que posee en orden a una referencia verdadera al ser personal.

¿Qué implica todo ello? ¿Qué supone este proceso de reificación respecto de la factibilidad de la comunicación?

El pudor

Significa, ante todo, que vivimos el personaje y nos defendemos de cualquiera otra visión de nosotros mismos que descienda por debajo de la imagen que como tal personaje ofrecemos. Sentimos el pudor precisamente cada vez que —al margen de que pueda desvelarse algún sentimiento disvalorativo— creemos ser descubiertos en nuestro modo de ser personal. Sabemos que somos valorados, estimados, «justipreciados», en la forma de ser que representamos y, en consecuencia, nos sentimos desnudos y desvalidos frente a la percepción que de nosotros pueda hacerse como meras personas reales. El «nadie es grande para su ayuda de cámara» postula la necesidad de alejar de nosotros mismos a quienquiera que sea que pretenda conocernos en nuestro modo fáctico de ser. Pero es obvio que una incomunicación es el trasunto de este modo generalizado de conducta, que conlleva el sacrificio y la ocultación de nuestro modo de ser real. Ese sacrificio, esa ocultación, implica la pérdida de la espontaneidad. A partir de un determinado momento nuestros modos de relación, nuestra comunicación, han de realizarse, en todo instante, inespontáneamente.

La pérdida de la espontaneidad

La pérdida de la espontaneidad supone, sin duda alguna, el fracaso más descarado de la comunicación humana que tiene lugar a nivel de nuestra avanzada civilización. Porque no se trata de la inhibición de una tendencia; no hay un instinto de espontaneidad. Se trata de algo, si se quiere expresar metafóricamente, aún más profundo: se trata de que toda acción —cualquiera que ésta sea— en principio tiende a hacerse libremente, espontáneamente. O sea, que el modo natural de verificarse toda acción es el de la espontaneidad. Andar, hablar, se aprendieron desde la espontaneidad que supone la imperfección originaria hasta la perfección que entraña el hacerse luego con total espontaneidad. Piénsese que funciones tan elementales como el andar o el hablar se saben ya, y no obstante fallan, cada vez que se interfiere la necesidad de hacerlo en condiciones determinadas, que precisamente invitan a hacerlas inespontáneamente. Apenas se ha parado mientes en el hecho que supone la tan frecuente inhibición en el habla cuando de lo que se trata es de decir ante uno o unos. ¿Se puede dudar que ese que ante nosotros habla mal, sabe, sin embargo, hablar y «podría» decir si dijese espontáneamente? ¿Se puede, acaso, poner en tela de juicio que ese que ahora camina torpemente ante nosotros sabe, de sobra, andar?

¿Qué vectores son los que inciden en la persona para que funciones tan diestramente aprendidas sean mostradas en su mayor incapacidad? En principio, puede pensarse que hay por lo menos dos órdenes de vectores: los que proceden de la interioridad misma de la persona, mediante los cuales se siente temor a hacer saber como uno es; otros, inherentes al temor a los efectos que se derivarían de mostrarse como uno es. Pero ambas series de factores son inseparables y la una deriva de la otra, como esa otra deriva de la primera. Los llamados factores psicológicos son tan sólo la internalización individual d. la inhibición social de la espontaneidad. A través de la familia, en la medida en que ésta concreta las pautas de la clase y *status* a que pertenece, se verifica el aprendizaje de la acción en inespontaneidad. Es más, el matiz que a la acción se confiere viene dado por los peculiares modos de inhibición de la misma que cada grupo social imprime a sus componentes. El resultado de todo ello es que la inhibición de la acción, por primaria que ésta sea, incide de acuerdo al modo en que cada cultura concibe el principio de adaptación a la realidad (principio de realidad). *El principio de realidad no es tan sólo la inhibición de aquellas acciones cuya satisfacción depara placer, sino también inhibición del placer que supone la realización de la acción con espontaneidad.*[25] En última instancia,

25. Quien esté al tanto de las aportaciones de la investigación psicoanalítica sabrá que el principio de realidad es concebido simplemente como la represión del principio del placer, es decir, de aquellas instancias erógenas (en sentido amplio) que componen el *ello*. Ahora bien, según mi parecer, no se trata solamente de esto, sino que, como acabo de exponer, también ha de conllevar la inhibición o represión de la espontaneidad de la acción, y aquí radica el tipo de represión que caracteriza la idea de la socialidad dominante en nuestra cultura. Precisamente los impulsos represores

el encuentro entre esos dos objetos de la realidad que son un hombre y otro hombre se lleva a cabo con la necesaria inhibición que los modos sociales requieren, pero a costa, claro está, de la inhibición también de la necesidad de comunicación que entre ellos pueda darse. La incomunicación resultante se nos ofrece —si el análisis verificado en las páginas precedentes es valedero— como la frustración de la instancia más radical del ser humano, que es su socialidad. La gran paradoja de nuestro desarrollo cultural consiste en haber reducido la socialidad del hombre a la cotidianidad, que es precisamente la forma más impersonal de verificarse. La cotidianidad hace posible la socialidad de todos, a costa de haber provocado en todos la sustracción de sus cualidades netamente personales y la conversión de cada cual en la cosa-personaje que se obliga a representar, si quiere hacer efectiva su instancia a la socialidad.

Efectos y posefectos de la incomunicación

Las páginas precedentes permiten ahora una estimación categorialmente más general acerca de las consecuencias de la incomunicación, a las cuales hemos de dedicar la última parte de este mismo capítulo. En cualquier caso, espero que habrá de ser advertido que el análisis que precede y el que prosigue atienden a la persona en su socialidad, sin que la consideración psicológica deba tomarse *à la letre,* sino como un vocablo sancionado por el uso. Más que en ningún otro aspecto de la dinámica del

---

que componen el Super-Jo, y que no son sino la internalización, bien de las actitudes parentales, bien de la sociedad en general, han de interferirse hasta lo más hondo de la persona, inhibiendo no sólo la instancia erógena propiamente dicha, sino toda acción, conformando así sustantivamente al sujeto para siempre.

hombre, el de la incomunicación sólo puede entenderse como primaria y originariamente psicosocial y nunca exclusivamente como problema psicológico en sentido estricto.

La incomunicación tiene dos consecuencias interesantes para nuestro objeto: por una parte, el aislamiento; por otra, la extrañación de la conciencia de sí. Ambas están íntimamente relacionadas y en recíproca interdependencia. Pues, ciertamente, el aislamiento es por sí mismo suscitador de la extrañación de sí, y la extrañación de sí, que paulatinamente se experimenta, conduce necesariamente al aislamiento. Veamos estos dos aspectos separadamente.

El aislamiento virtual

Dada la irreal incomunicación existente en la relación del sujeto con los otros, el aislamiento no es vivido como real. La verdad es que en la situación dada la multitud vive *como si* de hecho el aislamiento no existiera.[26] No se sabe cada cual aislado ni en

26. La «vivencia del como sí» no debe confundirse con la estimación o indicación que un tercero, un observador, hace de la conducta de otro, tras la que observa que vive o hace *como si*. En el primer caso, el sujeto de la vivencia tiene conciencia nítida de la realidad: así, por ejemplo, cuando alguien dice «anoche oí como si me llamaran», hace constar que se trató de una seudopercepción que pudo ser subsanada mediante la conservación de su sentido de lo real. Sobre esta cuestión, cf. Llopis, *La psicosis peligrosa*, Madrid, 1946.

Pero en el segundo caso, se trata de dos niveles de concienciación de la realidad, el del observador y el del que la experimenta. Cuando yo digo «J vive como si fuera feliz» o «K vive como si fuera rico», señalo, por mi parte, la falsa conciencia de la realidad en que viven J y K respectivamente, desde mi punto de vista, lo cual puede ser o no ser cierto, naturalmente, puesto que puedo o no equivocarme. Mi error posible deriva de que en todo caso la conciencia de J y K es juzgada desde la mía. Este problema está lejos de ser trivial y ofrece, a su vez, múltiples aspectos que han de

qué medida está aislado de los demás. Este ilusorio vivir en compañía se debe a lo siguiente: no hay conciencia de la incomunicación, o, mejor, no se tiene conciencia de que la comunicación es sobremanera parcial, por una parte, y, por otra, incorrecta.[27] El sistema permite decir y la adaptación al sistema hace que el decir permitido sea el decir deseado. No se dice más, no porque de hecho no se pueda —de hecho se podría decir mucho más—, sino porque realmente se alcanza un momento en que no-hay-más-que-decir, y con lo que se dice basta.[28] La natural situación en que los hombres están hace que su decir parcial y cauteloso, su decir titubeante y tanteador, aparezca como suficiente. No se precisa, *no*

---

ser tratados si se quiere alguna vez plantear con seriedad el carácter escasamente fiable de nuestras calificaciones respecto de otros. He conocido, como cualquiera, muchas religiosas de clausura; últimamente algunos testigos de Jehová. ¿Viven ellos como si fueran felices o viven felices? En este orden de cosas a que nos referimos en el texto, ¿vive la gente como si el aislamiento no existiera o, por el contrario, viven en realidad sin aislamiento?

Yo estimo que el planteamiento correcto debe remitir siempre no al observador, sino al sujeto en el que se realiza la vivencia. Si yo creo correcta mi afirmación «la multitud vive como si el aislamiento no existiera», implico en ella la afirmación previa de que «la multitud vive aislada o en aislamiento». Pero yo debo basar mi postulación por el hecho de que puedo comprobar que miembros de tal multitud me dicen, de vez en vez, que en la situación en que se hallan viven en aislamiento (por ejemplo, conciben la vida como absurdo). Nunca estaría justificada esta afirmación por el hecho de que, por ejemplo, viva de modo distinto a como vivo yo, como si en virtud de un más elevado nivel de conciencia por mi parte —que habría que demostrar a su vez— yo me pudiese constituir en árbitro del nivel de conciencia de todos los demás. Hay que cuidar mucho de no caer en la hipertrofia del Yo que la posesión de determinados saberes facilita, con grave riesgo incluso para terceros.

27. Cf. a este respecto el libro de David RIESMAN, *The Lonely Crowd, A Study of the Changing American Character*, Yale University Press, 1950.

28. De aquí la limitación del horizonte vital, humano, existencial, el empobrecimiento del mundo propio.

se necesita más.[29] De hecho, la no conciencia de la incomunicación lleva consigo la conciencia (falsa) de que lo dicho basta para mí-estar-con-los-otros. Eso que se llama «el hombre integrado» es, precisamente, un ente aislado, un auténtico «individuo» en su indivisibilidad forzada y cree haber conseguido el plus de su realización con esa individualidad obtenida a expensas de la amputación de una relación más íntima con los otros.[30]

Esta situación, de aislamiento que se ignora, lleva consigo una, para mí, curiosa consecuencia. La experiencia de la soledad puede acontecer —efectivamente es así— como una sorpresa, en forma de crisis, que de pronto emerge en la persona merced a un hecho en apariencia trivial. ¿Por qué ocurre de este modo?

Hemos dicho que la incomunicación se lleva a cabo sin conciencia de tal. Es una irreal comunicación. En su anverso, ello significa que la real incomunicación se vive *como* comunicación fáctica y factible cada vez que se quiera.[31] Buena parte de la co-

29. En la alienación extrema desaparecen las necesidades, de forma que se hace así imposible la superación de la misma.

30. En los últimos años he tenido ocasión de advertir —lo he consignado en algunos trabajos míos, como *El Humanismo Imposible,* ya citado— que en nuestra sociedad, a medida que nos aproximamos al *way of life* de la sociedad de consumo, ha aparecido un notable descenso en la comunicación, con el subsiguiente incremento de la retracción egotista. El hecho parece ser característico de la sociedad de consumo. Ahora bien, el ideal del Yo en la sociedad norteamericana lo ha constituido el *selfmademan,* el hombre que no sólo se hace a sí mismo sino que se autobastece. De esta forma, los modos de vida sociales son forzosamente tangenciales, nada profundos, meramente formales.

31. Esta es la razón de que el tipo de relación que se verifica en la amistad así concebida, una amistad que en realidad no comporta la comunicación, suscite sin embargo la satisfacción de los sujetos que la experimentan. No necesitan más comunicación, viven la incomunicación real como comunicación, y les basta. Si se observa detenidamente este

municación no se realiza meramente en el mero decir, sino en el trabajo y por el trabajo. El trabajo enajenado conlleva asimismo una entrega al trabajo extraño *como si* fuera un trabajo propio, porque el trabajo así realizado puede deparar la no conciencia de la alienación en él.[32] La enajenación en el trabajo —sobre la cual está lejos de haberse dicho ya todo, en cuanto las condiciones en que el trabajo se verifica con cambiantes— hace posible la distracción o, mejor, la absorción de la persona por él. No la absorción impuesta y vivida como tal, sino la absorción asumida gratamente por su no conciencia de la imposición. De esta forma, en el trabajo la persona encuentra la forma más «respetable» de evasión y de autoafirmación. Mediante el trabajo, la propia persona se presenta ante sí misma como gratificada en su realización por sí y ante los demás.[33] Al decir ahora «los demás» no me re-

---

tipo de relaciones no comunicadas se nota que se basa las más de las veces exclusivamente en la mera jocosidad. Nada se toma en serio, no es posible hablar en serio. La incomunicación real, que sin embargo no impide, por no experimentarse como fáctica, la relación entre dos, sólo puede dar lugar a un tipo de relación interpersonal frívola, insustancial.

32. El trabajo alienado se vive entonces como fuente de evasión, como situación en la que es posible no tomar conciencia de la propia alienación. El trabajo tomado de esta forma cumple dos cometidos: *a*) sirve para la elusión de la alienación en que se está; *b*) es útil como gratificación, ya que mediante el trabajo vivido seriamente, aun en su imposición, se puede alcanzar determinados logros dentro del sistema alienador. Así, por ejemplo, mediante la seriedad y formalidad en el trabajo un burócrata puede ascender. Sólo mediante la limitación que a sí mismo se impone, el tecnócrata evita convertirse en sujeto incómodo para el político que lo usa, y ante el cual se hace más indispensable cada vez.

33. Cf. a este respecto la descripción del tipo ritualista de la sociedad anómica que describe Merton (cf. MERTON, *Teoría y Estructura Sociales,* trad. cast. México, 1964); también del mismo, en el Simposio de Clinard, ya citado

fiero simplemente a aquellos que pagan o compran su trabajo de modo directo. También los demás le pagan indirectamente su trabajo, bien mediante la necesidad que de él tienen —por ejemplo, en el caso del profesional «libre»—, bien merced a la consideración y el prestigio que de su trabajo se deriva. Estos son los factores gratificadores del trabajo enajenado, que tienden a su perpetuación en forma de más y mayor alienación. Porque merced al trabajo que les cualifica frente a los demás, la realidad es que, ahora, él habrá de proseguir desempeñando su papel en la forma que los demás, mediante su expectativa, lo requieren. Ahora dirá a ellos, se comunicará con ellos, de esa forma parcial y distorsionada que implica el decir en cuanto yo inauténtico, en cuanto yo representativo del citado papel. El juez ya no es más que «juez», incluso fuera del contexto que la acción de juzgar implica. El médico será «el médico que se le hace ser» y que él, a la perfección, «representa», aun fuera del contexto que la acción de diagnosticar y curar supone... La petrificación en su papel lleva implícita la limitación de lo que puede decir y de lo que los demás le hacen decir. Esto significa que la enajenación en el trabajo —inherente a la división del trabajo que lleva consigo una división de la persona— le hace ser simplemente «aquel» que trabaja en esto y de esta forma, y no otra cosa. La enajenación en el trabajo, pues, supone la extensión de la enajenación a la restante esfera de su hacer y de su ser, enajenación que ahora se ofrece en forma de «limitación» de su ser, o de estrechamiento del campo de sus posibilidades de ser. Dicho con otras palabras: ya no se puede ser de otra manera. Pruébese a serlo y se verá la rotunda inaceptación por parte de los que componen el grupo propio.[34]

34. Hay mucho que decir todavía acerca del proceso por el cual esta forma de alienación acontece. Buena parte de

Pero este vicioso círculo de la extrañación progresiva de sí mismo, de verse siendo como sólo el que se nos hace ser, puede romperse, y no precisamente merced a la voluntariedad del propio sujeto. Son los cambios extrasubjetivos, es decir, las modificaciones objetivas de la situación las que pueden subvenir a la ruptura del círculo alienador, que, de una u otra forma, es una situación de equilibrio, compensada. Estas modificaciones objetivas acontecen, como antes he dicho, gracias a la emergencia de circunstancias en apariencia triviales y fortuitas. Digo en apariencia con toda intención. Hoy vemos, por ejemplo, con qué frecuencia esta circunstancia es, en nuestras clases burguesas, la toma de conciencia de un hijo, tras la cual la relación con el padre ya no puede continuar como la misma, esto es, la de antes. Esta circunstancia, en buena lid, no puede considerarse fortuita. Porque buena parte de la concienciación del hijo es obtenida como resultado de la negatividad del papel del padre respecto de él. Es la negatividad del padre la que hace posible la positividad de la concienciación del hijo cuando menos en alguna medida. Como quiera que sea, la nueva situación del hijo actúa provocando una nueva situación parental. Ciertamente, para las situaciones preexistentes, el papel del padre se mostraba como autosuficiente. Para la nueva situación, ahora surgida, el mismo papel resulta «estrecho», cuando no an-

---

esta limitación en nuestro papel, en el exclusivo papel, deriva del hecho de que la sociedad nos coloca estereotipadamente en sólo ese papel. Para «rendir» en la sociedad hay que vivir el personaje, y la función a él inherente, cada vez con mayor profundidad. Por otra parte, la sociedad, los otros operan con una economía mental que les depara comodidad. Es más fácil contar con que A es médico y sólo médico, y que renuncia a pensar en otra cosa; que B es profesor de Historia, que se exime de razonar de política contemporánea, etc. Salirse del papel impuesto es desconcertar, entendido este vocablo en el sentido literal, como factor que perturba el concierto que la división del trabajo social había conseguido.

tagónico, para los requerimientos de las actuales implicaciones. La conciencia de la insuficiencia ante la nueva realidad provoca defacto la autoconciencia, más o menos lograda (no se trata de que se consiga una lucidez; basta con que se trate tan sólo de conciencia de su inseguridad o, mejor dicho, de pérdida de la conciencia de su seguridad) del error existencial, que es siempre error de sí mismo. Esta conciencia de la limitación ante la nueva situación no es, las más de las veces, superada, y el sujeto vive ahora su propio trabajo —que es «su vida»— como vacío e inoperante, como no gratificador. La gran decepción que entonces acontece no se resuelve, la mayoría de las veces, por una superación de la misma, sino que queda en eso, en mera decepción. Porque de hecho es ahora ostensible que sus valores —la laboriosidad, la dedicación al trabajo, etc.— ya no representan nada para esos otros ante los cuales significaban antes la máxima positividad. Y un valor que no es reconocido deja de ser, en el acto, valor, sencillamente porque no puede ser utilizado como tal, es decir, porque no es «válido». Se puede pensar que los valores que ya no sirven para operar con los otros, porque para éstos ya no son por sí mismos valores tales, pueden, no obstante, valer para sí. Pero eso es un error. Todo valor es valor de la comunidad —grande o pequeña—, y es valor por su aceptación de tal, es decir, por la sabida, intuida, creída, etc. aceptación del valor por los demás que componen el grupo. Una persona no puede quedar «satisfecha» con sus valores propios. Porque los valores sirven para la *praxis* y no pueden quedar como valores «abstractos», esto es, como valores «vacíos», en la medida en que no son aplicables. La aplicabilidad del valor viene dada por el hecho de que, mediante la acción en él implicada, se obtiene por los demás una determinada imagen del protagonista impregnada del valor de sus propias acciones. El hombre es valorado a través de las acciones que lleva a cabo, no porque sí. Lo que ocurre, pues, en esta nueva situación, es que las mismas acciones son ya valoradas por los otros de distinta manera, quizá de manera inversa a como antes lo eran, y ello sume —se quiera o no— en la perplejidad respecto a la significación del valor de esas acciones. ¿Tendrán ya un valor distinto? ¿No habré estado errado respecto del valor que yo les confería y que creía que los demás le conferían? La conciencia oscura del posible error respecto de la *praxis* es ahora un escollo que se interfiere en la espontaneidad de la acción. Y la pérdida de la espontaneidad en la acción puede entrañar desde el inentusiasmo en la tarea hasta la inhibición. ¿Para qué seguir haciendo, si para aquellos que me importan no importa lo que hago o incluso valoran negativamente lo que hago, e hice antes, con conciencia de que era un positivo valor?

La pérdida de la espontaneidad es un rasgo de importancia, a mi modo de ver. Ella denuncia el fracaso de la comunicación. Es decir, la irreal comunicación se torna ahora real, fáctica incomunicación. ¿Por qué? ¿Cómo es posible que la falta de espontaneidad antes existente no sirviese como detectante de la real incomunicación y, en cambio, ahora sí?

A mi parecer, lo ocurrido es lo siguiente: antes, efectivamente, la acción era cautelosa, titubeante. La comunicación obtenida era tan sólo un remedo tartamudeante de la comunicación posible. Pero era la forma *habitual* de comunicación. La repetición del dinamismo, una y otra vez, había pasado a ser «constitutivo» del hacer del sujeto. Curiosamente, si bien se mira, lo que define nuestro modo de ser en nuestra comunidad es nuestro modo de hacer (tímido, reservado, osado pero ocultante, etc.) inespontáneo. Si todos fuéramos espontáneos, porque las condiciones objetivas no hubieran hecho imprescindible el aprendizaje de la acción en la inespontanei-

EB 51.4

dad, evidentemente seríamos otros. Somos como tenemos que ser y se nos define en gracia a la índole de nuestra coartación en la acción que verificamos. Somos cualquier cosa menos espontáneos. Esto es, no se sabe —ni sabemos— cómo somos. Si lo supiéramos —la afirmación anterior puede parecer exagerada— no habríamos precisado antes del confesor, ahora del analista, en alguna ocasión del amigo íntimo. La represión obligada en nuestras pautas sociales se traduce no en la carencia de acción —esto no es la regla— sino en el hacer coartado, inespontáneo. Lo interesante es que la coartación de esa acción no se lleva a cabo merced tan sólo a la positividad obtenida por la inacción —como sería el caso de la positividad, es decir, del beneficio que se deriva de la omisión de la acción decididamente «mala»—, sino por la presumible negatividad (o sea del prejuicio) que se deriva de la exteriorización en sí de una acción espontánea, que sitúa al sujeto desvalidamente frente a los demás. No se puede decir lo que se piensa ni se puede hacer como se quiere, porque ello implica que los demás sabrán de nosotros en alguna medida, y nos ofreceremos desnudos frente a sus posibles ulteriores ataques. La carencia de espontaneidad en nuestra sociedad no se traduce, dicho en otras palabras, en la represión de «lo malo», sino en la represión incluso de «lo bueno» y en forma de cautela frente a cualquiera acción, que ya no deviene espontáneamente. Ahora bien, una *praxis* que no se lleva a cabo espontáneamente no traduce la realidad de lo que haríamos, esto es, la *praxis* debida, sino la *praxis* «conveniente», la posible. Mediante esta coartación que se nos impone y que internalizamos, somos ante los otros todo lo más *como podemos ser, no como quisiéramos ser.* Es decir, hemos reiteradamente expresado la pauta de conducta que se nos requiere que verifiquemos y no la que nos sentimos instados a verificar. La consecuencia de ello es que la hipocresía y la carencia de espontaneidad en nuestra acción se constituyen en segunda naturaleza y somos como no somos.

Pero este ser como no se es, pese al aislamiento que ello implica, y a ser consecuencia misma del aislamiento obtenido, supone toda suerte de inhibiciones en orden a la comunicación. De esta forma, paradójicamente verificamos nuestras relaciones interpersonales no con un yo frente a un tú, sino como un yo-que-no-soy frente a un tú que tampoco es. Contamos de hecho con la necesaria coartación que el otro ha de verificar frente a nosotros, y en absoluto estamos en condiciones de reprochar la carencia de espontaneidad en ese otro, cuando no se subsana en nosotros mismos. En suma, el aislamiento que me acontece acontece también a ese otro que me aísla y que asimismo está aislado. En conjunto, el hombre —los hombres —aparece reducido a (aparentes) «naturales» mónadas y la comunidad resulta ser tan sólo un conjunto, no una sociedad.[35]

Ambigüedad y disociación

Los hombres-mónadas aparecen, pues, ante los otros como siendo lo que en verdad no son. Por eso, radicalmente muestran lo que no son, es decir, actúan, dicen, sin que en momento alguno haya que «tomar en serio» ni su acción ni su decir. El resultado de ello es la ambigüedad. Cada hombre es necesariamente ambiguo, y lo es en su expresión, o sea en su hacer. Conviene que nuestros haceres sean imprecisos, precisamente para que no se sepa a ciencia cierta cómo soy a través de lo que digo y lo que hago. Por fuerza, el hombre aparece ambiguo. Por eso, cada hombre es, entre nosotros, «dis-

35. Recuérdese la distinción de Max Weber entre *Gesellschaft* y *Gemeinschaft*. (Cf. Max Weber, *Economía y Sociedad*, trad. cast. México, 1964.)

cutible», de acuerdo con el sentido etimológico del vocablo «ambigüedad». ¿Qué ha querido decir éste con su hacer y decir? ¿Es realmente como dice y hace? ¿Qué interpretación cabe dar a estas sus formas de expresión? El carácter discutible de cada uno de nosotros —por «rectilínea» que aparezca la acción en algunos— es «razonable», por cuanto hay que dudar ante todo de la posibilidad de que el acto que aparece como recto sea algo más que recto sólo en apariencia. ¿No habrá la posibilidad de «sacar partido» también de esta rectitud? La duda asalta a todos frente a cualquiera, y no hay en nuestro mundo persona alguna a quien de alguna manera sus actos más transparentes no se le hayan interpretado de las más diversas formas. En el fondo, esto es efecto de una proyección de nuestra íntima situación frente a la acción de ese otro. Sabemos de nuestra ambigüedad, de nuestra equivocidad, de nuestra cautela. No hay —en la lógica de las motivaciones psicológicas— razón alguna para pensar que ese otro, aunque en apariencia recto, no sea del mismo modo ambiguo, como nosotros mismos. A mayor abundamiento, el fundamento para juzgar de la ambigüedad de todos estriba en el hecho de que cada cual tiene experiencia de la equivocidad de los más, y no sólo de la de nosotros mismos. Sabemos «por experiencia» hasta qué punto aquel que una vez pareció actuar rectamente nos defraudó cuando supimos de la intención real de su acción. O sabemos «por experiencia» que ese que actuó rectamente entonces, dejó de hacer así más tarde o más temprano. ¿No sería también aquella su acción recta, recta tan sólo en la apariencia?

¿Qué consecuencias reporta la ambigüedad y equivocidad? ¿Significa un «estado» fácilmente subsanable mediante alguna suerte de esfuerzo? O, por el contrario, ¿es un «estado» que tiende a perpetuarse y a presentarse como constitutivo del ser humano, al modo de una forma de existencia «útil», cuando menos en esa forma de «lucha por la vida» que es la defensa de sí mismo?

A mi juicio, esta última pregunta acierta al núcleo del problema en cuestión. La ambigüedad y equivocidad de nuestro hacer, que revierte en ambigüedad y equivocidad de nuestro ser-para-el-otro, tiende a encronizarse y a constituirse en ser-para-sí. Interesa ahora esclarecer de qué formas puede alcanzarse el carácter de «estado», de «segunda naturaleza», para estas formas equívocas de hacer y de ser.

Estoy convencido de que la ambigüedad como tal necesita «justificarse». Son muy pocos los que no sienten esta íntima situación como necesidad y viven al margen de la misma. El cinismo puede ser la última forma de expresión allí donde, a través del descubrimiento que de nosotros los demás verifican, no cabe ya ninguna otra salida. Pero, de hecho, allí donde no se es descubierto, o mientras no se es descubierto, la ambigüedad, como he dicho, precisa «justificarse». Esto es posible mediante la puesta en juego del dinamismo de la racionalización. La racionalización no es el razonamiento, sino el seudorrazonamiento, del mismo modo que la racionalización no depara conciencia, sino falsa conciencia del carácter de nuestras acciones. La racionalización es, a nivel psicológico, a nivel de nuestras relaciones interpersonales, lo que la ideología es a nivel de nuestro yo social, es decir, la persona en cuanto sujeto de una clase y un grupo sociales determinados. Mediante la racionalización cada cual establece la serie de seudoargumentos que le valen para sí mismo con miras a justificar su modo ambiguo de actuación. Cada cual se hace su sistema propio, lo que nada se opone a que posea muchos puntos en común con el de aquellos otros con los cuales tiene, a su vez, de común análoga situación. Mediante la ambigüedad se dice lo que se quiere que se diga, no lo que se quiere decir. Mas se dice de forma tal que, de alguna manera, se diga, en parte también, lo que quiere decir. En el lenguaje sometido a una estricta hermeneusis tenemos sobradas pruebas de hasta qué punto esta contradicción puede hacerse sin detrimento del mero hablar. Es cierto que, por decirlo de algún modo, el lenguaje aparece así usado para mentir a medias, pero sería impropio llamarlo —al modo terminológico de los lógicos formales— un lenguaje mal hecho. Todo lo contrario: podrá ser un lenguaje mal usado, pero es una forma maestra de hablar diciendo sin decir del todo, y en este sentido el lenguaje coloquial muestra hasta qué extremos de sutileza en el uso de las palabras puede alcanzarse tras siglos de internalización de la necesaria ambigüedad.[36]

Mas esta ambigüedad es claro que sólo se tiene ante sí mismo a través de la ambigüedad frente a los demás. Primariamente es ambigüedad frente a los demás y no otra cosa. La ambigüedad es el resultado de nuestro radical estar-con-el-otro-ambiguamente. La ambigüedad es un modo de estar y secundariamente de ser, un modo como cualquier otro, como podría ser el modo espontáneo, para citar el modo de ser opuesto. Ahora bien, la ambigüedad frente a los demás, que por su índole de primera en el proceso nos interesa ahora, ofrece de interesante lo siguiente: su carácter plural. Es cierto

36. En nuestras investigaciones en torno a la hermenéutica del lenguaje partimos del hecho de que la traducción del mensaje no implica tan sólo la versión de los significados en los significantes, sino también la que ha de verificar el oyente de la distorsión que el hablante ha de efectuar respecto de lo que habla, merced a la relación existente entre hablante y oyente, es decir, merced a la situación en que ambos están. Un ejemplo aclarará lo que, de modo en exceso abstracto, acabo de decir: A habla a B. La intelección de A por B exige no sólo la traducción de lo dicho por A respecto de lo que ocurre (fuera o dentro de él), sino también el hecho de que A cuenta con que es B quien ha de oírle y le ha de entender. La serie de tensiones existentes entre A y B y B y A complican enormemente la comunicación y desde luego la intelección entre ambos.

que para el análisis yo he hablado de la ambigüedad frente al otro. Merced a ella, digo y hago en buena parte lo que ese otro espera de mí y yo sé que espera de mí. Pero ese otro no es un objeto singular, sino plural: son, en verdad, los otros, que me son dados ante mí como singulares sucesivos. Lo importante —lo grave, según veremos luego— es que esos otros son hombres-mónadas a su vez distintos, precisamente en aras de su también «natural» ambigüedad. La consecuencia de ello es que yo he de ser ambiguo ciertamente con todos, pero he de serlo de manera distinta, según la expectativa que cada cual me suscita. Es notable que la aséptica psicosociología norteamericana no haya sacado alguna conclusión frente a la captación de la diversidad de papeles que la persona se ve obligada a desempeñar a lo largo de su vida y en los distintos momentos de un presente de relativa dimensión. Se ha hecho notar que aquí tenemos la prueba de la dinamicidad de la persona, del yo, etc. Pero no se ha parado mientes en el hecho de que una dinamicidad de tal naturaleza es un esfuerzo baldío y estúpido que diversifica tontamente al hombre. Porque la dinamicidad no tendría que ser probada merced a la ambigüedad sino contrariamente a través de la supresión de las barreras indeclinables entre las múltiples funciones que se nos obliga a realizar. «Debíamos» mostrar nuestra inherente capacidad para ser múltiple, no en requerimientos «sociales» que nos obligan, sino en forma de múltiple capacidad para haceres positivos. De hecho, la diversificación de los papeles en nuestra sociedad muestra la exigencia de disociarnos a que la relación con los aspectos varios del mundo nos impele. La disociación en forma de representación de múltiples papeles, de acuerdo al papel que nos exige aquél que ante nosotros se nos presenta, o ante quien nos presentamos, es el precio que hay que pagar para seguir «integrado» con unos y con otros. La contradicción es ahora manifiesta: la integración con todos exige la disociación de cada uno, de forma que en cada momento todo quídam sea capaz de acertar «dando a Dios lo que es de Dios y al César lo que es del César».

Esta integración disociativa o esta disociación integrada sólo puede hacerse a costa de la superficialidad. La razón es obvia. Nuestro esfuerzo en pro de la integración es distractivo de cualquiera otra tarea. Está claro que si la comunicación fuera efectiva nosotros haríamos uso del otro para la comunicación y no para el logro de su integración con él, que sería un hecho implícito. Pero la integración con ese otro está por hacer y hay, además, que conquistarla de momento a momento merced a la cautela recíproca. De esta forma, el dar, el recibir, el decir, el oír, etc. no se llevan a cabo como funciones únicas en cada instante, sino como funciones que hay que hacer al propio tiempo que esta otra: ¿Por qué el dar y cómo dar? ¿Por qué me dan y para qué? ¿Qué se quiere decir con lo que oigo? ¿Cómo hablar lo que he de decir? Como cualquier obseso, que al propio tiempo que hace ha de pensar en suprimir la acción ante la posibilidad de que sea mala, el hombre que somos cada cual no puede preocuparse tan sólo por su hacer, sino por el modo de hacer, con miras a iniciar, mantener o recuperar la aceptación de ese otro con quien en este momento está. Esta doble ocupación forzosamente desdobla a la persona, de manera tal que sólo a costa de la superficialidad de las ocupaciones a que se obliga puede síncronamente llevarlas a cabo. El vivir mismo es entre nosotros ciertamente una complicación, a la cual sólo podemos subvenir a costa de vivir cada una de las implicaciones epidérmicamente. Nuestra disociación nos remite al hábito de la frivolidad, a un hacer superficial, sea este hacer la acción propiamente dicha, sea la comunicación equívoca y ambigua con el otro. En todo caso, como decíamos antes, en momento alguno se puede tomar en serio, es decir, unívocamente, ni nuestra acción ni la de los demás. Ciertamente nuestro frívolo hacer es dado como serio, y tomado en serio por nosotros mismos, mediante la racionalización que la justifica, pero sólo puede ser de verdad tomado en serio aquel que es, el que hace lo que tiene que hacer.

La extrañación de sí mismo

Volvamos a lo antes expuesto. La incomunicación real es vivida, mediante la racionalización, como ilusoria comunicación, como si fuera comunicación real. La racionalización se extiende a toda la esfera de nuestra intimidad. Es cierto: seguimos dudando de los demás. Pero no es menos cierto que dejamos de dudar de nosotros mismos. Nos vemos siendo como realmente hacemos, pero dejamos de ver que hacemos como se nos requiere que hagamos. La racionalización perpetuada reporta finalmente la falsa conciencia de que somos así, de que actuamos en y con libertad. Que en todo momento nada se vende de nosotros mismos en favor del otro. Que somos, en una palabra, sinceros.

Esta falsa conciencia —y con ello enlazo con aseveraciones antes verificadas— representa un neoequilibrio en la situación en que se está. Gracias a ella, la integración puede hacerse o, mejor, puede conservarse. A veces, hay oscilaciones de una conciencia lúcida a una falsa conciencia. No hay más que ver el, por lo demás apasionante, espectáculo que supone la serie de esfuerzos por recuperar la integración en el sistema de aquellos que antes cometieron el «error» de hacer demasiado ostensible una pauta de conducta que conllevaba a su ostracismo. Mas a partir de entonces este «error», que les segregó del sistema, quiere subsanarse. Hay, las más de las veces, un intervalo de silencio y de inacción aparentes, mediante el cual se prepara la ulteriormente paulatina conversión. Este intervalo es exigitivo. Es una condición que el sistema mismo implícitamente impone a aquel que en algún momento se permitió mostrar la desconformidad con él. Por otra parte, hay que hacer las cosas «lo mejor posible», y entre tales proyectos no está de más contar con el pudor mismo frente a los del grupo todavía suyo, o el darse a sí mismo tiempo para que la racionalización tenga lugar y pueda darse, no sólo para sí mismo sino frente a todos, como razonamiento... De una o de otra manera, con mayor o menor brusquedad, ese intervalo es preciso, salvo que situaciones de emergencia obliguen al cambio de manera meramente externa, sin la subsiguiente racionalización, como grosera adopción de una salvación extrema. Pero esta consideración nos interesa relativamente poco en este instante y se aparta decididamente del tema en su conjunto.[37]

La falsa conciencia y el neoequilibrio conseguido con ella pueden romperse, como advertimos, cuando la circunstancia «fortuita» nos despierta y nos refleja nuestra real conciencia, ahora del fracaso propio. Cuando atendemos al hecho de que no hemos hecho nada, de que en última instancia ni siquiera hemos hecho amigos, que estos que calificábamos de tal eran sólo «amigos», de que la comunicación plena no fue efectuada y en consecuencia estamos definitivamente solos. Es curioso, en-

37. Este es el caso de aquel que en un momento determinado se decidió a la adopción de una conducta política de oposición, tras la cual se enajenó la oportunidad de trepar en el sistema. De situaciones de éstas tenemos alguna experiencia. El sujeto comprende el error que en el orden pragmático ha cometido. Trata de subsanarlo lo más hábilmente posible. No puede verificar el cambio en favor del sistema de manera impúdica. Hay un intervalo de abstención y descompromiso, tras el cual, lentamente, va integrándose ahora en el «sistema establecido», de donde, naturalmente, no debió salir.

tonces, observar —y he de hacer una referencia a mi ámbito profesional— de qué forma tales sujetos, en situación de crisis, se ven entonces impelidos a recurrir a aquellos hombres no integrados, que hasta aquí no le resultaban válidos, antes bien, contraproducentes, pero que ahora se les revelan como «íntegros». La mejor envidia la posan ahora en esos que supieron estar y supieron hacer. La comunicación que ahora verifican sólo puede hacerse previa una masoquista declaración autopunitiva, precisamente ante este que, sin quererlo, se ve obligado a aceptar el papel de juez. ¿De qué es concretamente de lo que se culpan? ¿Cuál es la imagen que de sí mismos ahora poseen respecto de su pasado? ¿Es, por esta situación, la comunicación ya factible? [38]

A esta última pregunta hay que responder negativamente. La razón de ello es: la situación de crisis es, tan sólo de momento, atalaya de su propia vida, mas no garantiza necesariamente el que su visión sea la acertada. Entre otras cosas, la vida misma le ha deparado con anterioridad ese extrañamiento de sí, del cual ahora es todavía víctima. Lo que el sujeto ve de sí ahora, como objeto tangible, es su vida extrañada, su vida alienada. Hay, pues, un primer momento en que de hecho oscila entre dos extremos: por uno, verse como ha sido: por otro, no

38. Sobre esta cuestión, la evolución del *status* religioso en nuestro país nos ha ofrecido una circunstancia en extremo favorable para todo análisis de este tipo. Ha habido una serie de años, un larguísimo plazo, en el que no practicar en una ciudad de provincia ninguna suerte de ritualismo religioso comportaba la condena tácita (y no tácita) del sujeto. Con el tiempo, algunos de los que se constituyeron en censores han venido luego como culpables de haberlo sido, para reconocer ahora «la valentía», «la integridad» de estos que supieron estar, por lo menos en eso, concordes en su pensamiento y en su acción. Claro es que esa actitud procede de la concienciación de su vivir de entonces y de la oscura emulación del valor y la integridad que suponían, en su fuero interno, en aquellos que supieron estar en coherencia consigo mismos.

reconocerse en como fue y como llegó a ser. Hay —de ello cualquier psicoterapeuta tiene sobradas mostraciones— una amnesia sobre el modo como la extrañación se alcanzó y un no explicarse la profundidad que en la alienación se obtuvo. Toda suerte de «resistencias» pugnan contra la consecución de la auténtica conciencia de sí. Es por demás frecuente que, por otra parte, pasada la situación de crisis, la persona devenga entonces a una nueva oscilación en favor de la no visión sobre sí mismo, tanto más cuanto que la adopción de actitudes autopunitivas ha venido a calmar la mala conciencia de su propia responsabilidad. En todo caso, el proceso es en extremo complejo y en manera alguna debe ser concebido como un *continuum*, cualquiera que sea la dirección que en definitiva se siga.

Pero hay un factor que conviene tener en cuenta obligadamente a la hora de justipreciar las resistencias para la adquisición de la desalienación, a saber: la angustia ante la comunicación. Ya hicimos mención con anterioridad de cómo en buena parte el «estado» de incomunicación debía ponerse en relación, en la etapa final del proceso que a él conduce, con el temor derivado de la comunicación en sí. Este temor tiene sus fundamentos objetivos, según creo haber mostrado a lo largo de estas páginas. Insistiré una vez más: la comunicación es temible. Por temor a la comunicación o, su resultante, por el hábito de la incomunicación, el sujeto se halla ahora ante la angustia que la necesidad de comunicación le depara. En tanto que necesidad de ella, le insta a abrirse ante otro como la más satisfactoria forma de hacerse la definitiva apertura ante sí mismo. Pero frente a ella existe, en oposición, la necesidad opuesta, o sea, la de repetirse estereotipadamente en la incomunicación, para así seguir defendiéndose del temor que la comunicación misma le provoca. En resumen, de la *dialexis* de estas dos necesidades ha de surgir, evidentemente, la adopción de una de estas dos pautas que se le ofrecen como alternativa: o seguir en la falsa conciencia, aún más elaborada ahora tras el esbozo de concienciación por esta vez obtenido; o ir adelante —cuando menos en orden al proceso actual— hacia la progresiva recuperación de la conciencia de sí. Es cierto que la situación ofrecida, por ejemplo, en la psicoterapia parece mostrar garantías de calma para la angustia ante la comunicación y, en consecuencia, para que la necesidad de ésta se satisfaga favorablemente. Pero esto es una abstracción. El psicoterapeuta se ofrece como *un* otro y, en tanto que tal, como *un otro más,* cuya profesión no garantiza el que la comunicación sea factible. Es más, el carácter de excepción de esta situación se presenta en algunos aspectos como temible. Por ejemplo, la comunicación no puede ser recíproca. Mientras que la dirección del sujeto al psicoterapeuta se encuentra facilitada por la profesionalidad de éste, el hecho de que por parte del psicoterapeuta no haya en manera alguna lugar para la comunicación a igual nivel, sume en perplejidad y en angustia al propio sujeto. Ahora que la comunicación se experimenta como necesidad de rango elemental, imperioso, esta comunicación no sólo no es recíproca, sino que incluso apenas se sabe cómo es recibida. El paciente desearía a veces tan sólo una palabra, algo que dejase entrever de qué forma es recibido su mensaje, qué se piensa de él. Todo el reservorio de afectos no manifiestos hasta aquí pugna por emerger ahora que la comunicación se ha establecido y la incomunicación que él mismo se imponía se ha roto. Quiero decir con todo esto que la situación psicoterapéutica se ofrece hoy día como una situación de excepción en la que al sujeto no se le da la comunicación interpersonal que desearía, sino, contrariamente, una frustración inicial, la de saber que, hasta cierto punto, lo primero que ha de hacer no es comunicar al otro para que el otro se comunique a él, sino simplemente comunicarse ante sí mismo, rompiendo paulatinamente las barreras que impedían su propia concienciación. Lo exigitivo, en resumen, en la psicoterapia es la consecución de la *intra*-comunicación, como condición preliminar para la *inter*-comunicación ulterior.

De hecho, pues, en la psicoterapia viene a reconocerse como primordial tarea la superación de la extrañación de sí mismo, obtenida tras años de incomunicación y en la medida en que esa extrañación resulta ser un artefacto —un síntoma— de la incomunicación y el aislamiento. Lo que importa ahora es esclarecer de qué forma la incomunicación puede llegar a provocar la extrañación en la conciencia de sí.

Hemos dicho reiteradamente que la incomunicación se vive por el propio sujeto como comunicación. Esta ilusoria percepción de la realidad —que toma lo negativo por positivo— puede producirse por el hecho de que, en efecto, la comunicación existe, si bien de modo parcial e incorrecto. Así, pues, hablar de incomunicación para ello es, ciertamente, y en algún sentido, un prejuicio, un juicio de valor, que toma lo mal hecho como no hecho (la defectuosa comunicación como incomunicación). Por eso mismo, el aislamiento de que hablamos anteriormente no es vivido tampoco como real. Y, efectivamente, de alguna manera se está con los otros en la cotidianidad (en el trabajo y en el desempeño de cualesquiera otros papeles). Es así como se verifica la relación interpersonal, a través no de lo que somos, sino de lo que representamos. De esta forma, dejo de ver de mí lo que no soy, y el otro ha de relacionarse con un Yo que no es el mío y que de hecho cuido de hacer pasar por mí. Este equívoco llega a ser precisamente un «malentendido» en tanto yo mismo no alcanzo en todo momento a detectar mi verdadero Yo. Al fin, cada cual no es otra cosa que aquello que representa. Lo cual es muy poco, y con ello se cierra el círculo de consecuencias de la real incomunicación, estrechando el campo de la conciencia de sí hasta el punto de alcanzar la completa extrañación de sí mismo. Con otras palabras, al no dejar ver a los otros mi modo de ser real, sino simplemente el papel que ellos me obligan a representar, la conciencia ulterior, reflejo de la anterior *praxis*, ha de ser forzosamente de un Yo que no soy. Tras la cautela y el disimulo de mi persona sobreviene la ocultación para mí de mi verdadero ser. Nadie puede verse de otra manera que como hace, si, además, ese hacer constituye, como es el caso, todo su hacer.

En las experiencias de despersonalización, que no son en realidad de des-personalización, sino de extrañamiento de la propia persona, es este proceso que acabamos de reseñar en breve el que tiene lugar. La extrañación de la propia persona no es otra cosa sino el verse como siendo totalmente de la manera que no se quiere ser. Y cuando en la situación de crisis ese núcleo oculto, todavía insobornado, emerge a la superficie, coexiste con el papel efectivo con el que actúa, de forma que el sujeto se ve obligado a aceptar —no sin angustia— que es como no es, y que este ser como no es se le impone con mayor prevalencia por el carácter práctico del mismo que el ser que gustaría ser. Porque, apenas hay que decirlo, la extrañación de sí acontece cuando la persona misma ha de conceder objetividad a su hacer, por encima de lo que cree todavía ser a expensas del ser inactuante que en el fondo posee.

ción, estrechando el campo de la conciencia, y hasta el punto de alcanzar la completa extraposición de sí mismo. Con otras palabras, al no dejar ver a los otros mi modo de ser real, sino simplemente el papel que ellos me obligan a representar, la conciencia ulterior, sutil, ante la anterior praxis, ha de ser forzosamente de mi Yo que no soy. Tras la cautela y el disimulo de mi persona sobreviene la extraposición, para mí, de mi verdadero ser. Nadie puede verse de otra manera que como hace, si, además, eso hacer constituye, como es el caso, todo su hacer.

En las experiencias de despersonalización, que no son en realidad de despersonalización, sino de extrañamiento de la propia persona, es este proceso que acabamos de reseñar en breve el que tiene lugar. La extrañación de la propia persona no es otra cosa sino el verse como siendo totalmente de la manera que no se quisiera ser. Y cuando en la situación de crisis el núcleo oculto, todavía insobornado, emerge a la superficie y choca con el papel efectivo con el que actúa, de forma que el sujeto se ve obligado a aceptar —no sin angustia— que es como no es, y que este ser como no es se le impone con mayor prevalencia por el carácter práctico del mismo que el ser que gustaría ser. Porque, apenas hay que decirlo, la extrañación de sí acontece cuando la persona no sólo ha de conceder objetividad a su hacer, por encima de lo que cree todavía ser a expensas del ser fracasado que en el fondo posee.

Capítulo 3
COMUNICACIÓN Y PROTESTA

Comunicación, ¿de qué?

El análisis precedente puede ser aceptado y, no obstante, queda una cuestión por dirimir, a saber, ¿qué es lo que hay que comunicar?

La pregunta puede no tener una inmediata respuesta, precisamente por efecto mismo de la habitual incomunicación en que se está. El hábito de la incomunicación ha hecho posible el gradual empobrecimiento del hombre y de sus relaciones interobjetivas, de forma que, de improviso, la comunicación, factible en teoría, no subvendría ya a la satisfacción de necesidades, angostadas con anterioridad. Se ha perdido incluso la capacidad para usar otro lenguaje que no sea el lenguaje de «sociedad». El hombre actual se aburre apartado de los objetos, necesita estar fuera de sí.[1] La alienación provocada ha sido internalizada de tal suerte que el aburrimiento no es subsanable, precisamente porque «el otro» está a su vez empobrecido. La alienación ha devenido en necesidad de seguir en la alienación. Que esto sea una seudonecesidad, según los criterios por nosotros expuestos, no invalida el hecho de que sea vivida como necesidad perentoria e inagotable. ¿Qué puede hacerse sino tratar de las cosas, y sólo de ellas, con el otro, allí donde ese otro tampoco sabe hablar sino de las cosas? El interés que la anécdota ofrece hoy día, frente al desinterés colectivo por el qué y

1. Necesita estar literalmente fuera de sí, *en* los objetos, no *con* los objetos (personas, cosas, sí mismo), en relación interiorizada con los mismos.

el porqué de ellas, mediante su referencia al complejo de motivaciones que la suscita, es una prueba de cómo el pensamiento se ha retraído hacia el plano de la concreción, de tal forma que sólo opera con soltura en el ámbito de la cosificación.[2] Se sabe hablar *de* las cosas, no del *porqué* de las cosas; la relación interpersonal no es vivida como relación interhumana, sino como intercosificada, y se prescinde de la premiosa consideración a que la estimación del hombre como tal se obligaría, en pro de la fácil apreciación del hombre como un objeto-cosa más. Incluso la relación afectivoerótica está contaminada de la reificación preexistente y ha sido convertida en la mera gratificación deshumanizada a través de la polarización en el mero erotismo.

La precisión acerca del qué comunicar puede alcanzarse atendiendo, sobre todo, a aquellos que verifican la protesta y a la motivación de la misma. Con todo lo que ella pueda tener muchas veces, según veremos, de apráctica, la protesta supone la concienciación más o menos lúcida de la necesidad de comunicación y el plano en que ésta se desenvuelve. En este respecto, estimo que esta protesta actual se centra en dos órdenes de la realidad: el social y el psicológico. La incomunicación social da lugar a la compartimentación de la realidad social en clases y *status* absolutamente rígidos e insalvables, incomunicación que se mantiene por la utilización de círculos lingüísticos precisos de que antes hemos

2. Curiosamente, desde el plano mismo de la psicopatología se confirma este mismo punto de vista. Se sabe, por ejemplo, que tras la aparición de lesiones cerebrales tiene lugar un descenso de la capacidad de abstracción, que ya fue advertido por K. Goldstein en sus análisis de heridos cerebrales de la primera guerra mundial. Con posterioridad se ha visto que esta pérdida de la conducta categorial (*Categoria-verhältnis*) acontece también en el llamado defecto esquizofrénico, y el pensamiento tiende a movilizarse siempre en el plano de la concreción (cf. Kurt GOLSTEIN, *La structure de l'organisme*, trad. franc. París, 1951).

hablado, caracterizados por la restricción en el decir.[3] El no poder decir lo que se quiere decir está planteado hoy día como la necesidad más perentoria para aquellos grupos de protesta que representan, a su vez, la conciencia de nivel más lúcido de su clase o de su grupo. Que esta necesidad de decir no sea satisfecha es lógico, dado que este decir ha de ser forzosamente crítico y demoledor de unas estructuras viciadas, que han hecho posible la desrealización en forma de apolitización, de desinterés colectivo, de desgana frente a cualquiera instancia positiva de socialidad.

En el nivel psicológico la necesidad de comunicación se plantea como instancia a la eliminación de la represión de tabúes sociales que han sido internalizados de persona a persona y que imposibilitan, incluso en el plano del microgrupo más reducido que es la pareja, la plena comunicación multidimensional. Aun en la relación dual más íntima, como en la pareja heterosexual, gravita la presión que sobre cada uno de ellos ejerce la serie de restricciones a que se obligan, si al propio tiempo pretenden mantener su engarce con el macrogrupo al que pertenecen. La protesta, pues, se hace aquí en favor de la espontaneidad.

En cualquier caso, es obvio para los que efectúan la protesta la castración que implica, respecto de su desarrollo personal, la incomunicación que se le impone. Por eso, antes de estudiar las diferentes formas de protesta —colectivas e individuales, prácticas y aprácticas— debemos plantear de qué manera la incomunicación afecta a la evolución de la persona y de la sociedad.

3. Digo que se mantiene, no que se determina. Naturalmente que la determinación de las clases no se debe al uso del lenguaje en una forma determinada, que es un resultado, sino a las condiciones objetivas subyacentes, en forma de posición dentro de las relaciones de producción.

Sociedad y persona que quedan de alguna manera incomunicados, o que viven de alguna manera la incomunicación, verifican el desarrollo de una forma necesariamente viciosa. Pues uno de los efectos de la incomunicación es el desarrollo *en el* aislamiento, en la individualidad, y, en consecuencia, sin el refrendo por parte de los demás de la viabilidad del proyecto que para sí mismo trazan o del pensamiento obtenido sobre una realidad. En la incomunicación no hay crítica externa al Yo, sea este Yo singular o plural (del grupo), y por tal motivo es factible hablar, para este caso, de la existencia, en la incomunicación, de modos exclusivamente teoréticos, no prácticos ni practicables. No es por eso una casualidad que el aislamiento conlleve siempre la extrañación de la persona para sí y para los demás a la cual hemos hecho referencia amplia en el capítulo anterior. El hombre se convierte en un ser extraño, utilizando ahora la expresión en el sentido coloquial del término, precisamente por el carácter impracticable de su modo de pensar. Por eso a tales personas se las considera excéntricas, fuera del centro mismo en donde debe converger el pensamiento surgido desde la realidad y convertido en acción sobre la realidad.

Pretendo señalar con ello, en este punto, que la necesidad de comunicación no queda planteada tan sólo en orden a la satisfacción de una instancia de hacer saber a los otros un *quantum* de intimidad, que, por supuesto, es importante, y al cual hemos de hacer en seguida alguna referencia. El problema queda planteado en términos más amplios, a saber, que la instancia a la comunicación responde a la necesidad de hacer práctica cualquiera «cosa» que ya está en el plano de la conciencia. Así, independientemente del tema de que se trate, el decir es expresión, y por tanto *praxis* de algo que ya está, más o menos concretamente formulado, en el plano de la conciencia, de forma que lo no dicho sume al sujeto en el bloqueo impuesto que le impide hacer verificable lo que es sólo experiencia íntima. Sólo a través del decir, del hablar, la teoría deviene en *praxis,* aunque sea *praxis* errada. La necesidad de decir es tanto más imperiosa cuanto que estar en el error o en la verdad es algo en sí mismo no comprobable sin el requisito de la comunicación. La comunicación, pues, por sí misma, soluciona ese problema hasta entonces irresuelto que es la pregunta sobre la verdad o error de lo hasta ahora solamente pensado. Los efectos bizarros que provoca el aislamiento (del individuo respecto del grupo o del microgrupo respecto del macrogrupo) son consecuencia del hecho de que el ciclo teoría-*praxis*-teoría-*praxis*... no se lleva a cabo y, por consiguiente, la posibilidad de que lo hasta ahora solamente pensado sea estimado como verdadero es obligada. La persona o el grupo aislados acaban siempre por estimarse (como necesario mecanismo de búsqueda de seguridad) el estar en la verdad, en la medida en que no obtienen a través de la comunicación la aseveración, en la *praxis,* de su error o de su verdad respectivamente.[4] El hermetismo, el autismo, condu-

4. Los experimentos de privación sensorial (*Sensory Deprivation*) componen la prueba experimental de los efectos del aislamiento. En tales experiencias, al no existir para el sujeto el subsiguiente y necesario anclaje con la realidad (restante), que es el mundo exterior, mediante sus órganos de los sentidos, la conciencia de realidad se va rápidamente degradando y, en consecuencia, se desestructura. En un plazo relativamente corto, tras la aparición de notorias alteraciones de la conciencia del tiempo, se inician las seudopercepciones auditivas y visuales, para concluir en un estadio ulterior con un pensamiento incoherente. Cf. a este respecto, entre la abundante literatura existente, los trabajos de COHEN en (*Sensory Deprivation,* Harvard University Press, 1961; LILLY, «Amer. Psychiat. Assoc.», 5, 1-28, 1956; GOLDBERGER y HOLT, «J. Nerv. Ment. Dis.», 127, 99-112, 1958; GROSS y SVAB, Nervenarzt, 40, 1, enero, 1969; de estos mismos autores existe

cen obligadamente al dogmatismo, como una forma de compensar el desequilibrio que la incomunicación provoca. Pues el dogmatismo no es otra cosa sino la aparente seguridad que hay que adoptar ante la subconsciente inseguridad que depara un pensamiento no comunicado, esto es, no verificado.[5]

Obsérvese, por otra parte, un hecho que podemos comprobar en nuestra experiencia cotidiana, a saber, que a medida que la incomunicación se perpetúa y el dogmatismo se constituye en modo petrificado de pensar y de hacer, la posibilidad de subsanar este círculo vicioso es cada vez más difícil. Nada más fácil que desenmascarar un error, una interpretación falsa, allí donde todavía esta interpretación es joven, reciente. Nada más difícil, por el

---

una revisión bibliográfica en *Bibliography of sensory deprivation and social isolation*, Praga, *Psychiatrisches Forschungsinstitut*, 1964.

Por otra parte, de antiguo son conocidos los delirios que acaecen en sordos y ciegos, así como los cuadros de confusión mental que aparecen en aquellos pacientes que por una intervención han sido sometidos a prolongadas reclusiones. La causa de todo ello no debe verse en perturbaciones primarias de algún sistema orgánico, sino en la situación. Por eso, Kraepelin denominaba a todas estas psicosis *Verkehrpsychosen* (psicosis de situación, o, mejor, de cambio de situación) u *homilopatías*. Cf. KRAEPELIN, *Psychiatrie*, 8.ª edic., 1915.

Hoy debemos correlacionar todos estos cuadros con las llamadas «depresiones por mudanza» y también con los síndromes psicopatológicos que aparecen a consecuencia de los cambios migratorios. Una breve revisión de este problema puede verse en mi trabajo, *Aspectos psicopatológicos de la migración*, «Revista de Economía de Galicia», XI, 61-63, enero-junio, 1968.

He concedido a la soledad un papel patógeno de primer rango en mis libros *Un estudio sobre la depresión* y *La Culpa*. Para la génesis de soledad debe verse el sugestivo trabajo de Melanie KLEIN, contenido en el volumen póstumo *Our Adult World and Other Essays*, Londres.

5. El dogmatismo es una forma de racionalización en la incomunicación, mediante la cual se intenta compensar la inseguridad de fondo a expensas de la rigidez y fixismo de

contrario, que subsanar un pensamiento dogmático que ya comportaría para el sujeto la total transmutación de modos de vida adoptados de antiguo. En el individuo al que se le advierte de la existencia del error, no en el orden de un pensamiento, sino de un sistema, aun en el supuesto de un *optimum* respecto de sus condiciones intelectuales, se puede descartar, en la mayoría de los casos, el éxito respecto de su rectificación, a tenor de los angustiosos requerimientos que la aceptación de su error le han de suponer. Un error de un pensamiento no supone aún un error existencial. Mas un sistema errado implica *ya* un modo de existencia, total, sistemáticamente errado, y, en consecuencia, la rectificación no ha de suponer una modificación de carácter netamente intelectual, sino una conversión, para utilizar vocablos cuyas connotaciones nos son a todos habituales.[6] La dificultad de la conversión estriba en el hecho de que el paso de la irracionalidad a la racionalidad no puede hacerse simplemente a tenor de la argumentación, esto es, a nivel intelectual. Lo que imposibilita el trasvase es la impermeabilidad del sujeto para el argumento mismo, allí donde se interfiere la actitud irracional. Por eso, muchas veces, para la aceptación de lo racional, es preciso una crisis personal, que decepcione respecto del sistema

---

las propias convicciones. Naturalmente que el dogmatismo no tiene razón de ser cuando el poseedor de una determinada concepción puede verificarla en la *praxis* y, por tanto, no significa riesgo alguno de su comunicación. La incomunicación es obligada para aquel que sabe en el fondo de sí no tener razón o no tener fuerza (argumental) suficiente para mantener su «razón». Entonces verifica su cierre frente a toda ingerencia y, dando la espalda a la realidad, se imagina, sin la previa y obligada confrontación con el contrario, estar en y con la razón.

6. La conversión exige no un mero recambio de determinadas ideas sobre precisas cuestiones, sino un cambio existencial: es decir, en la forma y contenido de lo que hasta entonces ha supuesto la forma y contenido de su existencia precedente.

previamente adoptado y que deje entonces paso y torne permeable al sujeto para la racionalidad que se ofrece como alternativa. No hay en este sentido reparo alguno en reconocer cómo muchos procesos de esta índole implicaron en su iniciación un trauma psíquico que diera paso a un resentimiento y desde ahí a la racionalidad y a su superación.[7]

La comunicación, pues, representa la verificación en la *praxis*, mediante el decir, que es una suerte de hacer en la realidad, de lo antes meramente pensado, teoretizado. Por eso la comunicación es, a nivel de la persona, o del grupo, o de la sociedad, un progreso, ya que sólo mediante ella es posible la verificación en el otro o en los otros de lo por nosotros hasta entonces creído o interpretado. En la comunicación el ciclo teoría-*praxis* queda abierto en una espiral, pues la *praxis* deviene otra vez a la conciencia en forma de enriquecimiento de lo primitivamente pensado. Enriquecimiento que unas veces ha de suponer la confirmación de lo estimado antes como verdad (o como válido), o, contrariamente, el rechazo de lo estimado antes como verdad y que la realidad misma nos demuestra ser erróneo.

7. No hay que desdeñar, cuando se trata de conversiones meramente individuales, no de cambios ideológicos inherentes o modificaciones sustanciales de las condiciones objetivas del grupo o de la clase, la circunstancia personal, la crisis que en determinado momento acontece. En la crisis, un acontecimiento traumatiza al individuo de modo tal que, desde entonces, su visión de la realidad como totalidad es otra, y a partir de ahora camina —todavía inseguro— hacia la que adopta como sistema de recambio. Otra cosa muy distinta es que la crisis, por esta vía provocada, sea de escasa fiabilidad, salvo que dé paso a una superación de su significación como mera anécdota personal y comprenda que en todo caso se trata de una experiencia personal que en verdad afecta a una mayoría. Con ello se hace la conversión más fiable, por cuanto las motivaciones personales de la misma son suplantadas por argumentos, es decir, por razones de carácter general.

Necesidad de comunicación y alienación

La comunicación no satisfecha se plantea como necesidad para el sujeto (o los sujetos) allí donde —por las razones a que luego haremos referencia— se ha adquirido a su vez conciencia de su necesidad para la realización, es decir, para el desarrollo de la persona en su realidad. La conciencia de la necesidad de comunicación surge, pues, a través de la conciencia de la alienación que la (impuesta) incomunicación provoca.[8]

Se suele objetar con frecuencia que si la alienación es una circularidad viciosa e improductiva, la posibilidad de superar la alienación, incluso en ese estadio final que es la mera conciencia de la alienación, no es factible. Pero esto no es expresión de una forma de pensamiento mecanicista que ignora las innumerables posibilidades que cualquiera situación, por alienante que sea, sugiere a los hombres en general, y que procede a través de categorías de determinaciones y condicionamientos simplistas. Ni todos los hombres están en idéntica alienación, allí donde la situación es alienante, ni un mismo hombre permanece el mismo, aún en su alienación, a lo largo de situaciones existenciales en sí mismas todas ellas alienantes. En una realidad cada cual está a su vez

8. De aquí la mayor positividad, en orden a la superación de la alienación, de aquellas situaciones ostensiblemente negativas. La impotencia es paradójicamente mucho mayor frente a un sistema que permite libertades formales, y que anestesia la conciencia de no libertad en que se está, que frente a un sistema burdamente opresor. Este ultimo es capaz de conseguir la radicalización de la oposición, cosa que el primero logra evitar con sus hábiles transacciones. Se puede decir, entre otras cosas, del fascismo, que es un sistema torpe para sí mismo, por cuanto cierra toda otra posibilidad de perpetuarse bajo formas disfrazadas y simuladas. En cualquier caso, el fascismo contiene en sí un germen de radicalización y de revolución (aunque sea a largo plazo) por la forma grosera de presentación de sus instancias opresoras.

en una situación dada, que, por supuesto, no es la misma para todos los que habitan en esa realidad, y hay desfases entre la alienación de unos y de otros. Del mismo modo, en la extensionalidad que supone una situación vivida permanentemente como alienadora por un solo hombre, tampoco hay siempre una misma respuesta en forma de siempre la misma e idéntica alienación.

En una consideración esquemática hay, cuando menos, estos dos niveles en la alienación, que a su vez expresan la mayor o menor profundidad de la enajenación a que se ha llegado. Hay una alienación profunda, no consciente de tal, y que, en consecuencia, no comporta una *praxis* superadora. Hay también una alienación que al propio tiempo posibilita la conciencia de la propia alienación y que, aun en el supuesto de que no haga visible una *praxis* superadora, cuando menos insta al sujeto a plantearse su necesidad de superación en forma de *conflicto*.[9]

9. Como se verá a continuación, el conflicto —allí donde existe conciencia de la alienación— es consecuencia del hiato entre conciencia y *praxis*. Se sabe lo que pasa, es decir, de qué forma la alienación en el trabajo, como desrealización, etc., se produce, pero es imposible su superación mediante la adopción de alguna otra pauta superadora. El conflicto puede adoptar una forma de proyección objetiva o inobjetiva. Ejemplo de esta última es el conflicto que queda meramente en conflicto psicológico, como si la resolución para la alienación de la que se es consciente dependiera exclusivamente de una operación en la interioridad de sí mismo. En tal caso, el conflicto denota conciencia de la alienación, mas no conciencia respecto de la *praxis*. Por el contrario, en la forma de proyección objetiva del conflicto, hay conciencia de que la *praxis* superadora sólo puede ser protestativa, concretamente revolucionaria, transformadora. Ahora bien, no puede hacerse así, porque las condiciones objetivas lo impiden. El conflicto es, entonces, vivido no como psicológico sino como psicosocial, es decir, del individuo con su medio. Se sabe de la alienación en que se está; se sabe acerca de la única forma capaz de superar la alienación; se sabe, por último, de la impotencia para llevar a cabo la superación que se postula.

En la primera de ellas, el posible conflicto que la alienación existente pudiese deparar es compensado mediante su aceptación racionalizada e ideologizada. Tal ocurre en la asunción por el propio sujeto, o por determinados grupos, de la impropiedad de su vida misma. Así ha ocurrido alguna vez con la esclavitud en la forma más grosera de producirse. Así ocurre actualmente en las formas estupidizantes a que la sociedad de consumo incita, en las que el sujeto o su grupo se obliga a la racionalización de la conducta del grupo dirigente como forma de racionalizar y justificar la conducta propia. Quien no sea capaz de apreciar estos complejos dinamismos de defensa, mediante los cuales de lo que el sujeto se defiende es de la adquisición de una responsabilidad, que habrá de derivarse indeclinablemente tras la conciencia de la propia alienación, limita su comprensión respecto de aquellas personas que son capaces de asumir «felizmente» su propia situación alienante. Que el tecnócrata actual sea partidario de la sociedad capitalista, que todavía existan obreros monárquicos o fascistas, no puede ser resuelto con la emisión por nuestra parte de un juicio negativo de valor, sino mediante el análisis de los procesos que han debido tener lugar para que a tal situación de contentamiento se llegue. Se comprende con relativa facilidad que el grupo dirigente, que impone tales formas de vida, haga de éstas toda suerte de racionalizaciones mediante las cuales eleve a categoría ideológica la estructura social de la cual en algún sentido se beneficia. El problema se presenta más arduo cuando tal ideología se acepta por el grupo oprimido. La ideología cumple aquí, entonces, el papel, como hemos dicho, de un dinamismo de defensa, mediante el cual el sujeto vive la alienación impuesta como una aceptación «lógica», insuperable e incluso satisfactoria. Es cierto que tales sujetos, a pesar de la asunción de tal ideología y de la sumisión subsiguiente al sistema, no están exentos de conflictos, y el psiquiatra sabe hasta qué punto tales conflictos devienen en forma de autodestrucción de la persona. La existencia de tales conflictos no deparan por eso la conciencia que en una consideración simplista parecería exigible. Estos conflictos, expresión de la intolerancia de fondo de la alienación en que se vive, pueden ser también una forma de autoengaño. Así, por ejemplo, hoy vemos con frecuencia la existencia de los llamados síndromes psicosomáticos, que son formas de «conversión» de la neurosis. La neurosis tiende a convertirse, expresándose en forma de trastorno corporal, para el cual en principio el psiquiatra no sería lógicamente el profesional requerido, eligiendo así una forma de eludir el conflicto en el plano meramente personal. De esta manera, el conflicto no es capaz de retrotraer al sujeto al centro mismo en donde el conflicto se origina, sino que lo desplaza una vez más y lo proyecta en forma de debilidad corporal, cansancio, desgana, etc. Se sabe todo lo más que es la forma de vida la que ha provocado la enfermedad, pero en modo alguno se postula la posibilidad de que un cambio de vida es incompatible con la persistencia del sistema. Para el sistema hay, así, el máximo respeto, por cuanto en momento alguno se pone en entredicho. La internalización del sistema ha penetrado en forma tal que en cualquier caso queda a salvo de cualquiera discusión. La sacralización del sistema denota el intento que el sujeto verifica, aun en el acmé del conflicto, por utilizar el sistema mismo para sí y en provecho propio. La racionalización e ideologización del sistema es necesaria aún, por cuanto —pese al «accidente» que el conflicto supone— se aspira en el fondo a ser algún día, no elemento sumiso del mismo, sino componente del grupo manipulador y dirigente.[10]

10. Mi experiencia profesional me ha hecho ver cómo entre nosotros es cada vez más alto el número de profesio-

Pero en la segunda forma de alienación se hace posible, como decíamos, una conciencia de tal alienación. Esta conciencia puede adquirirse y puede abandonarse. En todo caso hay que concebirla como un *proceso*. Pero cuando se posee comporta una instancia a una *praxis* superadora y de alguna manera es una *praxis* protestativa. *La calidad de la protesta denota el grado de conciencia crítica de la realidad.* No es ya una alienación de la conciencia, sino de la *praxis*. Por eso la conciencia de la alienación no conlleva indefectiblemente una *praxis* superadora. En la medida en que se trata de una alienación de la *praxis*, ésta puede ser adecuada o inadecuada. En la primera de ellas, el análisis crítico de la realidad se lleva también a la crítica de la *praxis*, y se hace lo que es eficaz en orden a la superación de la situación impuesta. En las *praxis* inadecuadas hay toda suerte de posibles formas de comportamiento que no conducen, ahora o luego, a la radical destrucción del sistema que hace posible la situación vivida. Estas formas protestativas inadecuadas son múltiples en cada momento histórico y revisten, para cada uno de éstos, sus peculiares formas, que tiene un gran interés estudiar desde el punto de vista psicosociopolítico. A ellas dedicaremos luego alguna extensión. Nos importa ahora señalar tan sólo que en

---

nales, por ejemplo de ingenieros, para los cuales el sistema establecido constituye la causa primordial de su neurosis. Ahora bien, ni la misma neurotización es capaz de promover la concienciación en los mismos —hablo en términos generales—, de que para tales conflictos lo requerible es el cambio del sistema. Y es que, en tales casos, la neurotización sobreviene como concienciación del fracaso en su aspiración a la obtención de logros dentro del sistema, y en este sentido viven su neurosis como culpa, como castigo que a sí mismos se deben imponer por su conducta más o menos relajada desde el punto de vista ético. Por esto, resulta en extremo difícil hacerles llegar a las últimas consecuencias. Quisieran dejar de ser neuróticos para así volver de nuevo, bien entrenados, a la escalada en el sistema. Pero, claro es, ello exige el que el sistema no se modifique.

casos tales la conciencia de la alienación por parte de algunos constituye un hecho cuya comprobación es por sí misma reveladora de las fisuras o grietas del sistema, a través de las cuales de alguna manera hombres y grupos pueden quedar a salvo de la cosificación total a que el sistema aspira. Si un sistema cualquiera muestra siempre alguna movilidad, ésta es producto de la dialéctica entre un empuje y la resistencia, empuje de aquellos que por la forma que sea hacen la crisis, parcial incluso, del sistema, representado en los grupos resistentes al propio movimiento dialecticohistórico.

Entre estas dos formas extremas encontraremos todo género de gradaciones al cual hemos de hacer también las necesarias alusiones. Baste decir ahora que en orden a la incomunicación, estas dos formas de *praxis* que se derivan de la alienación no consciente y de la alienación concienciada, se resuelven mediante la conformidad y la protesta, respectivamente. A la incomunicación aceptada, pese a sus efectos, hemos hecho ya amplias referencias. Dedicaremos ahora mayor espacio a los modos protestativos de la incomunicación.

La incomunicación protestada

Hicimos mención entonces de que la necesidad de comunicación, que ahora aparece de modo protestativo, debe ser considerada en los dos niveles en los cuales se presenta, si se quiere aprehenderse las dos formas sustanciales bajo las cuales se presenta la protesta. Hay un nivel sociológico y un nivel psicológico (individual, en última instancia microsocial). Trataremos en primer término del nivel individual, en su sentido estricto, de la incomunicación.

La incomunicación protestada: la forma apráctica de la protesta individual

En primer lugar anticipamos que la forma de protesta individual es por sí un modo no práctico de la misma. Resuelve el problema de la incomunicación tan sólo a nivel personal y, todo lo más, con carácter transitorio. En última instancia, se trata de que dos personas adoptan una forma de comunicación que es válida para su exclusiva relación personal. Pero ello implica la aceptación voluntaria de su exclusión de un grupo más amplio, aquel en el que la comunicación no sería aceptada. Con otras palabras, la comunicación se verifica a pesar de la oposición de las condiciones objetivas que en modo alguno facilitan la realización personal. La contradicción a que esta forma protestativa de la incomunicación da lugar estriba en el hecho de que, por una parte, hay que estar, como no puede ser de otra manera, en el sistema, pero no obstante se vive inacorde con el sistema y con las pautas de conducta que el sistema impone. De esta forma, la comunicación se posibilita merced precisamente a la segregación de buena parte de nuestra actividad del macrogrupo social. Por este motivo, la comunicación obtenida implica de alguna manera una negatividad, por cuanto evidentemente supone alguna suerte de renunciación, cualquiera que sea el sentido que a ella se le dé en un momento determinado. Por esta razón, la comunicación lograda conduce al aislamiento de dos frente a la totalidad del sistema, y no es desdeñable el hecho de que, en todo caso, tal aislamiento comporte el riesgo de su insoportabilidad para uno u otro, en especial cuando en algún momento aparezca alguna crisis en el *status* anteriormente conseguido por ellos. La crisis testimonia entonces que la comunicación lograda se hacía posible merced a un neoequilibrio, en todo instante sujeto a la posibilidad de romperse frente a los constantes embates del sistema y a las necesidades que éste impone a todos los componentes del mismo. Por otra parte, esta comunicación es, como hemos advertido, precaria, por el hecho mismo de posibilitarse *en el* sistema. Estar en él significa que de alguna manera se ha de vivir de él, o sea que ha de penetrar en la vida de ellos, rompiendo así la irreal situación intentada, como si esta pudiese hacerse a espaldas del sistema. El carácter contradictorio de la misma se muestra así condición favorable para la provocación misma de la crisis en la comunicación obtenida: si, por un lado, se quiere estar en la realidad y captarla, se han de dejar penetrar por el sistema; si, por otro, se intenta soslayar esta penetración, se pierde asimismo la posibilidad de captar la realidad y en consecuencia el sentido de lo real de ambos se deprecia.

Hasta qué punto la forma individual supone un riesgo en el logro de la comunicación que se propone lo revelan las muchas formas de desviación que esta comunicación puede alcanzar, así como la necesidad de recurrir a artificios que hagan posible la comunicación propuesta. Nos referimos sólo a cuatro modos de compensación de la incomunicación fáctica, hoy usuales en la sociedad competitiva: por una parte, a la utilización del alcohol y de la droga; por otra, a la necesidad de la psicoterapia; en tercer lugar, a la conducta rebelde; finalmente, a la «ejemplaridad» individual. Estos modos tienden a subvenir a la superación del conflicto que la incomunicación provoca, y vale la pena detenernos, aunque sea someramente, en ellos, para dar cuenta de la situación de hecho que en el fondo revelan.

a) Respecto del alcoholismo, haré alusión especialmente a las formas solapadas del mismo. No es que un grado mayor en la dependiencia del alcohol no obedezca a un proceso de naturaleza igual, pero es más interesante para nuestro propósito observarlo en estas formas de iniciación en las que todavía el alcohol es tan sólo un vehículo y por sí mismo no constituye un obstáculo para que la comunicación se verifique, como ocurre cuando se alcanza la alcoholización. En todo caso, en nuestro concepto, la dependencia del alcohol —que no se influye ni por la cuantía de las ingestiones ni por la frecuencia de las mismas, si de lo que tratamos es de la valoración de la situación básica— se suscita por la búsqueda de la provocación de un cambio de situación a través precisamente de la ingestión del mismo. Esta definición implica: 1. Que existe una situación que, más o menos claramente formulada por la propia persona, resulta insoportable para el sujeto que la vive. 2. Que no puede ser cambiada desde el sistema de referencias del sujeto por una acción ordenada y adecuada sobre la realidad. 3. Que el modo «más económico» para el psiquismo de esa persona resulta ser la negación-evasión de esa realidad mediante la ingestión de alcohol. Para que exista el alcoholismo hace falta, pues, la conjunción de una realidad —ante la cual se bebe— y la conciencia más o menos oscura por parte del sujeto de su incapacidad para la modificación por sí de ella. En cualquier caso es evidente que el alcohólico pretende lograr la sustitución de una realidad mediante la huida que sólo el alcohol le ofrece. Es obvio que esa huida de la realidad puede lograrse a través de la inmersión en fantasías optativas y en cualesquiera otras actitudes de retraimiento. La «ventaja» del alcohol estriba en que junto a la huida de la realidad, de «esta» realidad en la que «ahora» o «siempre» está, se le ofrece la posibilidad de llevar a cabo una comunicación que de otra forma no conseguiría. No importa que la comunicación se posibilite a nivel irreal; lo que interesa es que satisface la necesidad de establecerla. La desinhibición que el alcohol provoca no es otra cosa sino la necesaria pérdida del sentido de lo real respecto de la necesidad de mantener el control de su incomunicación preexistente.

Por eso, uno de los cometidos de la ingestión de alcohol es la protesta. Mediante él se adquiere el valor de decir, en menor medida de hacer, lo que sin él no se diría ni se haría. La protesta a través del alcohol aparece entonces como la alternativa de la depresión (vencimiento) que la abstención de alcohol suscitaría, al dejar al sujeto a solas en su incomunicación. La correlación entre estructura social anómica e incremento del alcoholismo es el enfoque hoy dominante en la investigación psicosocial del problema. Una gran parte de los estudiosos del mismo hacen hincapié tanto en la *anomie,* como factor social, cuanto en la anomia, como resultado en el individuo de su disgregación y descohesión del grupo.[11]

Para las otras formas de toxicomanías en ascenso, la ingestión de aminas estimulantes, de LSD, etc., el problema se plantea bajo unas perspectivas algo distintas. Como toxicomanía aislada cumple parecidos cometidos a los de la ingestión de alcohol. Pero, curiosamente, tales tóxicos han sido, de modo selectivo, elegidos como formas protestativas colectivas, en las que la ingestión de la droga al propio tiempo que aísla del macrogrupo contra el cual se protesta y facilita la integración con el microgrupo protestativo, se constituye por sí en signo ritual de la pertenencia a este último.[12]

11. Véase la diferencia entre *anomie* y *anomy* que los autores norteamericanos establecen, y que hemos aludido en las notas 14 y 16 de 1. «Sociedad e incomunicación».

12. Razones de espacio nos obligan a prescindir de un tratamiento más extenso de estas formas de dependencia a drogas. Quede, no obstante, reseñado que así como el alcohol viene a compensar deficiencias personales en la incomunicación en el microgrupo, la dependencia de estas otras drogas es, por lo general, compensadora de la incomunicación entre el microgrupo y el grupo restante. La dependencia de la droga es así un factor de cohesión de un determinado endogrupo que se sitúa todo él, con parecida actitud protestativa, frente al exogrupo.

b) La psicoterapia ha devenido en necesidad social. Si se piensa en la significación que hoy posee frente a la que poseía hace tan sólo unos lustros, la consulta misma del psiquiatra se convierte en un hecho social, preñado de significación sociológica. Los cambios que en este sentido ha experimentado el quehacer psiquiátrico en los últimos años muestran bien a las claras, aunque de modo unilateral, las profundas modificaciones suscitadas en nuestro mismo ámbito cultural. Sería por demás simplista atribuir que el cambio en tal citado quehacer se debe a los medios de comunicación de masas. Estos caerían en el vacío —como de hecho caen determinados intentos de manipulación— si de antemano no se diesen las condiciones para que su emisión fuese fecunda.[13] No es de desdeñar el hecho de que la sociedad competitiva «positiviza», por decirlo así, al hombre que en ella habita. Le confiere un especial sentido de lo real, si se quiere enfocado tan sólo en una parcela de la realidad, cual es la detección por cada cual de aquello que se constituye en el logro —el éxito— como ideal del Yo. Ahora bien, este ideal del Yo sustentado en el éxito monopoliza cualquiera otra instancia ética profunda, y, según hemos dicho antes, retrae la instancia ética a una pura formalidad. El ideal del Yo se opone de esta guisa al Yo ideal, que al propio tiempo subsiste como forma de ejemplarización de una conducta asimismo apráctica. La consecuencia de ello es que, sin que ello haya supuesto en igual medida un auge de la racionalidad —la irracionalidad en cualquiera de sus formas, sigue siendo una pauta de conducta de la sociedad competitiva—, el hombre de la sociedad ano-

13. Apenas es necesario advertir que los medios de comunicación de masas, y la manipulación que con ellos se obtiene, tienen sus límites y no suponen por sí mismos —como muchas veces se piensa— medios de manipulación omnipotentes. Hace falta algún otro prerrequisito, además del de ser medios masivamente comunicados.

micocompetitiva va lentamente concediendo menor valor a esos sus valores éticos, a medida que se proyecta decididamente sobre los valores prácticos.[14] La irreligiosidad, por ejemplo, se esconde tras la práctica de rituales religiosos todavía al uso; la aceptación de una cierta dosis de realismo cínico va teniendo cada vez una mayor prevalencia social, sobre todo entre los aspirantes a constituirse en componentes de los grupos en ascenso dentro de la sociedad, etc.

Como señaló Freud, la pérdida del sentido religioso y de la significación de los valores morales, no ha ido seguida de una disminución de los sentimientos de culpa, porque en todo caso la culpa sigue vigente, aunque ahora desnuda de todo elemento mítico y sacral. Yo mismo he pretendido hacer ver que la culpa se nos muestra ahora mucho más claramente en su carácter sociogénico, como culpa frente al otro o los otros.[15] La obtención del éxito ha de ir forzosamente acompañada de un sentimiento de culpa, en la medida en que el éxito en la sociedad competitiva sólo puede lograrse a costa de la frustración provocada en el otro. Mas lo importante y característico estriba en que este éxito es meramente, según hemos mostrado en las páginas precedentes, una seudonecesidad y, por tal motivo, por una parte, insatisfactoria por sí misma, que obliga a la búsqueda de más y más éxito; por otra, el propio éxito se nos muestra, una vez obtenido, como vacuo, y no es infrecuente observar la grave decepción que sobrecoge a aquel que alguna vez, al fin, llega a obtenerlo, cuando se obliga a justipreciar el esfuerzo —désele al término la más amplia dimensión— que

14. El vocablo «práctico» debe ser tomado aquí en su acepción de pragmático, de utilitario, de acuerdo con el sentido «positivo» de la realidad que antes hemos concedido que es un rasgo distintivo de la sociedad anomicocompetitiva.

15. Cf. mi libro *La Culpa*, ya citado.

ha debido realizar y la validez de lo obtenido. Piénsese además que, por otra parte, la aparición del éxito como ideal del Yo es relativamente tardío, porque el sistema retarda lo más posible la concienciación por parte del niño de que «lo que importa es llegar». Precisamente, en su labor de ocultación de este ideal del Yo, la clase dirigente se esmera en inducir en los primeros años el Yo ideal, ese tipo de conducta impracticable que luego ha de devenir en pura forma. De este modo, el éxito que ahora ha de proponerse es distinto de aquel ideal al que inicialmente se aspiraba, y que todavía está ahí, en la interioridad del sujeto, a la espera de constituirse en reproche sobre el cambio de objetivo experimentado. Por todos estos motivos, la verdad es que la decepción ante el éxito es un hecho que tiene la máxima relevancia sociológica y que puede explicar, en buena parte, el incremento de situaciones de conflicto, neurotizantes, que acontecen entre las clases superiores.

El intento de compensar la incomunicación, que el éxito por sí mismo no supera, se busca hoy en la psicoterapia y en el psicoterapeuta de forma racionalizada. En primer lugar, la situación psicoterapéutica es por sí misma una forma de compensación de la comunicación, en otra esfera social imposible. En segundo lugar, gratifica éticamente, por cuanto se ponen así los medios para la solución del conflicto, a través de un vehículo que satisface las instancias autopunitivas. Pero, en último lugar, no va a deparar un cambio total de vida, sino tan sólo una forma más adaptada de relación dentro de la misma vida del sujeto, de modo que su complicidad en el sistema puede ser proseguida. Claro es que aquí se trata de un uso particular de un instrumento como la psicoterapia, que se ha convertido así en una forma de manipulación del hombre de la sociedad anómicocompetitiva, al que hay que adaptar a ella, dejando a ésta tal cual es, sin postularse nunca la crítica radical cada vez que un sujeto muestra signos de intolerancia ante el sistema.[16]

c) La rebeldía compone la forma típica de intento de romper con la incomunicación preexistente en una edad relativamente precisa. Pero más que el dato cronológico caracteriza a la rebeldía la edad, por decirlo así, psíquica. La rebeldía sólo puede coexistir con una inmadurez mayor o menor de la persona, porque en el fondo es también una forma apráctica de resolver el problema de la incomunicación. En primer lugar, por el hecho de que por sí misma es inviable, y en este sentido «la paciencia» de aquellos grupos que componen el estrato contra el cual la rebelión se produce es suficiente para ahogar toda instancia rebelde. En segundo lugar, porque mediante la rebeldía sólo se consigue la superación de los aspectos formales de la incomunicación, pcro no se obtiene la comunicación, no ya con los grupos objetos de la agresión y que se muestran como obstáculos para la misma, sino ni tan siquiera con los propios componentes del grupo rebelde. *Hay que acentuar una y otra vez que la comunicación sólo es posible mediante el cambio sustancial, radical, de las estructuras que constituyen la condición objetiva que la imposibilita.* La conducta rebelde, como he dicho, no atenta a la infraestructura del medio, sino que tan sólo se desliza entre los aspec-

16. El lector habrá advertido que la crítica que aquí hago de la psicoterapia no va dirigida a la psicoterapia misma, sino al uso que de ella se hace, a) como tratamiento psicológico y sólo como tal, b) como terapéutica de adaptación al sistema, en contradicción con la constatación de la patogeneidad del mismo. Sobre ello he hecho hincapié en mi trabajo «Psiquiatría y Sociedad» (en el volumen *Diléctica de la persona, dialéctica de la situación*, ya citado), pero he de continuar trabajando al respectó. Pienso que precisamente un sistema no patógeno ofrecerá sin duda la posibilidad de una psicoterapia eficaz, por cuanto entonces el psiquíatra habrá de atender a inadaptaciones por decirlo así más netamente individuales.

tos formales, supraestructurales, del mismo. Por eso, la rebeldía se queda, unas veces, tan sólo en la falta de respeto a la norma, incluso a las normas más superficiales, como el vestido, el peinado, etc.; otras, en la pura ideología, o en la más simple forma de la misma que es la verbalización destructiva. La desconexión con la *praxis* y, sobre todo, la inadecuación entre el grado aparente de conciencia y el saber hacer, puede ser una vía de acceso para la detección del carácter inválido de la rebeldía. De qué forma el sistema posee resortes mucho más amplios para la deglución del rebelde hay sobradas muestras en los acontecimientos cotidianos. En ocasiones, la profesionalización o la caída en la aceptación de la institucionalización constituyen los modos más o menos tardíos de internalización del sistema y de sus normas.

De este modo la rebeldía, como pauta de conducta inmadura satisface tendencias infantiles todavía persistentes en la persona en esa forma pueril que es el autoengaño. Mientras que con las actitudes rebeldes se imagina adoptar ya una posición de enfrentamiento real y de equiparabilidad con el objeto ante el cual se rebela, su dependencia frente a ese mismo objeto —especialmente una figura parental—, ante el cual la comunicación no es factible, le obliga al mantenimiento forzoso de una relación. Por esa incapacidad para romper la dependencia, la rebeldía se agota ante la conciencia de su propia impotencia para hacer por sí misma, que entrañaría la culminación de su protesta, aun en el orden de la protesta individual. En la medida en que el intento es ilusorio, la rebeldía se torna escapismo, que satisface instancias de hacer-como-si-fuera, cuando carece de la condición objetiva y de la capacidad para ese hacer al que aspira.

Esta incapacidad, que es mucho más de orden psicológico —es decir, inherente a su inmadurez— que de orden material, objetivo, se pone de manifiesto en varios aspectos de su conducta: en primer lugar, por su ambivalencia frente al objeto ante el cual la rebeldía —no la rebelión— se produce, lo que demuestra su tolerancia de fondo frente a ese mismo objeto. En segundo lugar, por su escasa capacidad para proyectar *fuera de ese objeto* su propia rebeldía. O sea, la no visión de que el objeto ante el cual se rebela, un objeto singular, no es otra cosa sino la concreción del sistema en una persona o en una estructura familiar determinada. Por eso, el rebelde pasa difícilmente a ese otro estadio de mayor madurez, en el que la rebelión frente al sistema se acompaña, por razones afectivas, de una tolerancia ante las personas, las cuales son tan sólo víctimas, aunque sean asimismo opresores. Este estadio de madurez que se caracterizaría, repito, por el enfrentamiento con el sistema junto a la tolerancia hacia las personas, con las cuales existe un determinado lazo afectivo difícilmente soluble, resolvería el conflicto del rebelde. Pues la angustia ante la pérdida y agresión al objeto se anularía en la medida en que la rebelión se proyectara por fuera de esos objetos, amados a pesar de todo, para concretarse en el sistema autoritario mismo, con el cual el distanciamiento es perfectamente hacedero. La rebeldía debe ser considerada, en su inmadurez, como una forma de protesta individual frente a una situación que se concibe asimismo como particular, como exclusiva de él, sin relación con la estructura social que la hace posible. Es por eso por lo que la mayor parte de las veces refleja tan sólo una situación conflictiva no resuelta y originada de antiguo, cual es la relación padre-hijo (situación edípica).[17]

17. La expresión «sin relación con la estructura social que la hace posible» es inexacta. Naturalmente que un conflicto psicológico es siempre de carácter sociogénico. La misma situación edípica, que se anuncia con caracteres absolutos, está en dependencia de los condicionamientos de clase, y así, por ejemplo, apenas si la situación edípica de la

d) La «ejemplaridad», concebida como conducta netamente individual, comporta la forma más racionalizada de compensación del conflicto que en el hombre puede surgir en sus relaciones con una estructura social determinada. El conflicto aparecería siempre y cuando el hombre saliese a la realidad misma y en consecuencia, la forma más gratificadora de eludirlo es la retracción a la esfera exclusiva de su conducta individual, en donde, por cierto, la ética formal puede llegar a ser de alguna manera tam-

---

clase obrera tiene que ver formalmente con las que se dan en las clases altas. Lo que sin embargo quiero hacer constar es que la rebeldía es un problema de relación (agresiva) de persona a persona. El rebelde es alguien y lo es ante alguien, más que ante algo. Por eso se concreta en determinada persona, sin parar mientes en que ésta, la que es objeto de agresión, es tan sólo expresión de una totalidad, el sistema, contra el cual el rebelde —en el sentido que aquí damos al término— no se plantea su colisión. Por eso, de no madurar su rebeldía, saltando por sobre las personas para proyectarse en el sistema, el rebelde es, poco más tarde, deglutido por el sistema y domesticado. Mao Tse-tung ha descrito muy bien este proceso en sus referencias biográficas. «La severidad de mi padre fue la primera causa de las tendencias rebeldes que las otras personas observaron en mí antes de que yo mismo me diera cuenta de ellas. El comportamiento de mi padre se me antojaba algo que era preciso cambiar, junto con todas las vejaciones cometidas en cualquier familia china.» Y respecto de la dinámica de sus relaciones con su padre escribe: «Así aprendí que cuando yo defendía mis derechos con franca rebelión, mi padre cedía. Si yo hubiera permanecido manso y sumiso me habría pegado. Desde entonces tuve el apoyo de un partido de la oposición dentro de mi familia: un hermano y el trabajador que había sobrevivido.» Como se sabe, tras la subversión suscitada por los partidarios de la Liga Revolucionaria de Sun Yat-sen se procedió a una brutal represión. El padre de Mao, nombrado juez de paz, liquidó a todos sus antiguos trabajadores, salvo a uno, y a muchos de los pequeños propietarios colindantes con las tierras de su propiedad. La madre de Mao se suicidó en 1905, cuando él tenía 12 años de edad. (Estos datos, así como las citas de Mao, los tomo del libro de Roy MacGregor-Hastie, *Mao Tse-tung*, trad. cast. Barcelona, 1967.)

bién su ética práctica. La retracción del sujeto, adoptando eso que llamamos «ejemplaridad», es resultado del temor a la disociación ética a que antes hemos hecho alusión, que forzosamente habría de alcanzar, de aceptarse el compromiso que implica estar en la realidad. El precio que hay que pagar, pues, para que esta disociación —que provocaría a su vez un conflicto individual intolerable— no se verifique, y las manos se mantengan limpias, es el retraimiento, con la subsiguiente, y en apariencia voluntaria, privación de cualesquiera otras gratificaciones que la realidad suministra. La profunda mixtificación que el hombre ejemplar representa dentro del sistema —aludo a la ejemplaridad de su ética individual que se acompaña de la omisión de toda proyección social de su conducta— se debe al hecho de que esa privación de las gratificaciones derivada de su omisión aparece, en primer lugar, como voluntaria y, en segundo lugar, como una forma de ascesis. Pero una mirada algo más atenta nos demuestra que ni la una ni la otra son auténticas. La realidad se muestra para ellos traumatizante y, en consecuencia, lo gratificador para este tipo de hombres que llamamos ejemplares es su elusión y descompromiso, en última instancia su alejamiento de ella. No se está con el sistema, no porque se esté contra él —estar contra él es hacer contra él— sino para estar en sí mismo, de manera que, como hemos dicho antes, se pueda conciliar de alguna manera la ética formal y la ética práctica. Pero esta conciliación sólo puede hacerse efectiva a costa de reducir la práctica del modo más extremoso posible, esto es, haciendo tan sólo lo que se llama una conducta individual, siendo en último término una ejemplaridad asocial. La reflexión sobre estos que llamamos hombres ejemplares nos demuestra que su socialidad está reducida al mínimo. Y si en algún momento tales hombres nos deparan de alguna manera un cierto sentimiento de emulación es en la medida en que creemos, desde nuestra perspectiva, que la omisión de su compromiso con la realidad y la subsiguiente limitación de las gratificaciones que de ella pueden derivarse, ha sido producto de una voluntaria retracción, cuando en verdad responde mucho más a una imposición vivida desde dentro, en forma de intolerancia para estar meramente en la realidad. No es por eso en absoluto extraño que estos hombres ejemplares decepcionen a la larga, si tenemos ocasión de acercarnos suficientemente a través de la mitificación que ellos mismos han sabido crear a su alrededor. Resalta entonces el carácter egotista de su elaboración, la incapacidad para salir de su egocentrismo y de comprometerse contra el sistema en una forma de acción no individualizada. Es aquí donde se demuestra entonces su aceptación en lo profundo del sistema, con su tolerancia en forma de omisión, y, asimismo, el carácter egotista de su retracción, que vista desde fuera nos sugería toda suerte de sacrificios y de voluntarias restricciones. En tales momentos se nos hace visible el buen servicio que el hombre ejemplar verifica al sistema en donde su ejemplaridad se escenifica. Ya era de por sí sospechosa la tolerancia misma del sistema para con él. Tolerancia que podía alcanzar la forma de ser para el propio sistema su argumento ad hóminem en contra de aquellos que aducían la imposibilidad de vivir inejemplarmente en él. No es por eso baladí el hecho de que los hombres mitos del sistema sean estos moralistas, no doctrinales, sino vivientes, sin que desde dentro del sistema se haya parado mientes en que la hipotética adopción de esta forma de vida por todos reportaría la inviabilidad del sistema mismo. Estos hombres ejemplares son, pues, mitificados precisamente por aquellos que a sí mismos se consideran cómplices Paradójicamente, su ejemplaridad es inimitable por aquellos para los cuales se constituye en espejo de su mala conciencia. Es tan sólo exhibida, y aducida como una forma de vida a la cual se debería aspirar, sin que en ningún momento se ponga en tela de juicio que esa aspiración sólo queda en el mero deseo formulado y que en cualquier caso sería por ellos mismos inimitada e inimitable.

La incomunicación protestada: la forma apráctica de la protesta colectiva

Según se ha visto, las formas de protesta individual —lo mismo si se adoptan los modos primeramente descritos, que si se eligen las vías más excepcionalmente gratificadoras del ejemplo en la pulcritud ética individual— son ineficaces y, por tanto, negativas —esto es, positivas para el sistema—; en modo alguno indiferentes. Quiere esto decir que sólo en las formas colectivas se entrevé la solución a un problema como el de la incomunicación, que es el resultado de una situación asimismo colectiva y que es padecida por todos. Una forma de argumentación *ad historiam* nos es útil para abandonar, de una vez para siempre, el modo individual de solución, que incluso para la situación más individualizada resulta ser siempre una solución precaria. Una situación de muchos debe ser resuelta por *praxis* colectivas.

Pero en sí mismo, la adopción de las formas colectivas de protesta no garantiza su carácter práctico, eficaz, destructivo de las viejas estructuras y moldes hoy inaceptables para aquellos que viven su persistencia como conflictiva. Hay formas colectivas que son, a su vez, aprácticas. Se trata de «movimientos», puesto que son, como hemos dicho, formas de *praxis* plural, pero que tienden a la resolución del problema en el plano de la supraestructura tan sólo. Ejemplos de tales formas de *praxis* lo constituyen los movimientos *beatnik* y *hippie*. La contradicción más notoria resulta del hecho de que, precisamente a expensas de su abstracción respecto de la infraestructura, forzosamente desarrollan una supraestructura de recambio en forma de mera ideología, que, naturalmente, por sí misma no es viable para la condición objetiva en que han de realizarse. La contradicción, repito, porque el problema me parece que debe quedar suficientemente claro, estriba en que a una infraestructura conviene una supraestructura y no es posible superponer otra dejando intacta aquélla. Esta es una ley que hasta ahora no ha sido invalidada y que no se ve que pueda serlo en un futuro próximo. La ideología vicaria así constituida no es una política, sino tan sólo a modo de un adorno que sustituye a la política, la cual entrañaría una determinada *praxis* con miras a un cambio estructural. Esto significa que el sistema —cualquiera que sea— permite una serie de posibilidades respecto de eso que llamamos formas de vida. Pero, por definición, cualquiera forma que sea posible dentro del sistema —que sea posible permanente o transitoriamente—, por muy en apariencia rebelde que sea, su misma existencia nos está mostrando de qué forma sabe el sistema de su respecto de fondo para con él. En una palabra, el sistema tolera cualquiera forma de vida de carácter excéntrico, precisamente en la medida en que la excentricidad misma le aleja de una eficacia radical.[18]

18. Sin que sea jugar con las palabras, cualquier conducta *excéntrica*, en la medida en que está alejada, como *praxis*, del *centro* mismo del sistema, se condena a su propia ineficacia respecto de su consideración como pauta de protesta. La excentricidad se torna así una pauta irracional de conducta que intenta suplantar las irracionalidades del sistema, pero sin conseguirlo. Es completamente estúpido pretender que determinados hábitos de vida deben ser adoptados como forma de *praxis* libertaria. Piénsese que, bajo la premisa de que la forma de asistir a un concierto o una conferencia contiene innumerables hábitos prejuiciosos, nos propusiéramos, en contrapartida, asistir a cualquiera de estos actos completamente desnudos. El rechazo total sería la consecuencia, y por tanto nosotros mismos habríamos hecho inviable la posible modificación, a escala personal, de

Es cierto que en estos movimientos juveniles de protesta hay toda suerte de matices que imposibilitan una perspectiva elemental. Pero no deja de ser curioso que, salvo en muy contados grupos y momentos, la conciencia política, que es la única forma de conciencia que puede alcanzar una *praxis* eficiente contra las estructuras incomunicantes, esté ausente de los mismos. Observadores atentos han llamado la atención sobre que tales grupos tienden a adoptar actitudes del tipo de las que hemos llamado «actitudes desrealísticas»:[19] la apatía, nuevas formas de moral y de religiosidad (por ejemplo, el descubrimiento de actitudes religiosas provenientes de culturas orientales), etc. La trascendencia histórica que algunos creen ver en tales actitudes me parece infundada.[20] Ciertamente, una nueva moral no se

---

tales situaciones prejuiciosas. Nunca se acentuará bastante, sobre todo en referencia a los movimientos juveniles de protesta, la necesidad de ser «normal», es decir, de aceptar aquellas normas, en sí mismas formales, como forma de acceder a aquel lugar desde donde la destrucción del sistema debe ser provocada. Porque no hay que olvidar que un sistema se destruye siempre desde dentro, lo mismo si se atiende a sus propias contradicciones internas, como merced a la subversión de los que viven en él. Vivir en el sistema es inevitable; lo es también vivir de él. Es a partir de aquí como hay que operar *a favor* del sistema o *en contra* de él. Los hombres se dividen a este respecto no porque unos vivan del sistema y otros no, sino, sencillamente, porque se conduzcan a favor o en contra de él.

19. Cf. CASTILLA DEL PINO, *Dialéctica de la persona, dialéctica de la situación*, especialmente el trabajo «Psiquiatría y Sociedad» ya citado.

20. Por ejemplo Toynbee, para quien los movimientos *beatniks* representan algo así como en su día el surgimiento del cristianismo. Mucho más razonable me parece considerar la positividad de ellos atendiendo a dos circunstancias: *a*) porque a partir de tales movimientos —que al parecer están en decadencia por su propia inviabilidad— muchos de sus componentes pasan a engrosar movimientos más radicales y de concienciación política manifiesta; *b*) porque de alguna manera hacen ostensible, con su expresividad, los fallos del sistema. El «movimiento» expresa así la protesta frente al

puede montar sobre una vieja estructura economico-social, mucho más cuando esa nueva moral se postula con independencia de los restantes componentes de una «cultura». Si no estoy equivocado, una cultura se constituye como unas peculiares «relaciones de intercambio» que emergen como supraestructura de unos modos de producción precisos. Las culturas no se extravasan por sí mismas; allí donde la predicación no ha ido acompañada de una penetración de determinados grupos económicos que hagan factible la modificación de estructuras indígenas, se ha mostrado infecunda, fuera de individuos o de grupos aislados.[21]

Otro tanto podría decirse del «izquierdismo» en su acepción clásica, a saber, aquella actitud, de fondo puramente verbal, que se aleja de la realidad para postular de esta forma una modificación de la misma y que encuentra su gratificación en la mera formulación. El «izquierdismo» es una forma apráctica de la conciencia reformista, que se refuta en su misma negatividad. Frente al realismo crítico, el «izquierdismo» se presenta como una ideología ultrarradical, capaz de promover una intensa gratificación narcisística y capaz asimismo de sugerir y suscitar excrecencias de este género en quienes juegan el juego puramente teorético. La actitud izquier-

---

paternalismo autoritario y represivo y contra la manipulación que en la propia intimidad se efectúa, obligando a la adopción de hábitos que componen una segunda naturaleza. Por otra parte, no se puede olvidar que, así como los comportamientos individuales responden siempre a múltiples cometidos, tampoco los colectivos deben ser vistos de modo simplista como motivados unívocamente. En este sentido, no se puede desdeñar el componente esteticista que existe en tales movimientos, capaz por sí mismo de suscitar gratificación suficiente a muchos de sus miembros.

21. Así, por ejemplo, la eficacia de las misiones sólo ha adquirido notoriedad cuando al propio tiempo se efectuaba la colonización, y los grupos indígenas se adaptaban al nuevo poder, uno de cuyos modos de vida era la religiosidad que se les importaba.

dista es calificada ahora de narcisista en la medida en que exalta el papel del hombre en la dialéctica histórica hasta un límite que excede de la pura realidad. Por ser el hombre, a través de la conciencia histórica, motor de la historia, el ideólogo izquierdista piensa que la historia puede hacerse por un acto colectivo de voluntad que fuerce a la realidad conformándola a su deseo. Frente a los movimientos conformistas antes reseñados que intentan promover el cambio en el nivel exclusivo de la supraestructura, el izquierdismo se caracteriza por la intención revolucionaria, al margen de toda condición objetiva o minusvalorando la condición objetiva.

Incomunicación protestada: la forma práctica

Allí donde la incomunicación existe, la dialéctica entre el empuje y la resistencia no puede resolverse en forma «equilibrada». Es perfectamente lógico que cuando se postula la reforma, es decir, la simple modificación supraestructural de un sistema establecido, empuje y resistencia pueden adoptar estas formas mesuradas a que invita la aspiración a una mejora del sistema impugnada *desde dentro.*[22] Pero en el caso de que tratamos, la aspiración a la comunicación se verifica por aquellos que la viven como necesidad radical, esto es, por aquellos que, aún en el sistema, no se sienten en él, o, cuando menos, aspiran a salir de él. En este caso, la dialécti-

22. Aludo aquí al reformismo, como simple mejora, como evolución del sistema, posible gracias a la previa complicidad con el sistema. Frente al revolucionario que estando en el sistema propugna su transformación radical, es decir, actúa contra el sistema, el reformista actúa a su favor, calmando su mala conciencia que la complicidad le depara con la postulación de que, no obstante, intenta la evolución, el cambio.

ca se lleva a cabo entre el inmovilismo, por una parte, y la ruptura por otra, y por tal motivo, frente al riesgo en que el sistema se encuentra la resistencia es a su vez mucho mayor que la que depararía el enfrentamiento con la mera actitud reformista. No es por eso ninguna gratuidad el que esta dialéctica se resuelva con violencia y, para ser precisos, con violencia por ambas partes: hay la violencia de los que aspiran frente a la violencia del poder. Pero es una añagaza del sistema postular que la violencia comienza, precisamente, en aquel o aquellos que de hecho la inician. La teleología de la violencia permite, bajo una perspectiva dialéctica, entrever que agresor y agredido constituyen una estructura unitaria, una totalidad, en la que ni hay agredido sin agresor ni agresión que no sea provocada.

En todo caso, es el análisis de la estructura de la agresividad el que nos depara, frente a las formas aprácticas de inmadura rebeldía, a que antes hemos hecho mención, la distinción de una agresividad que sabe de su porqué, de su para qué y, por último, de cómo puede ser más eficazmente hecha. Que esta agresividad lleve implícita la destrucción del objeto sobre el que se proyecta no invalida su carácter maduro, práctico. Porque hay objetos que requieren ser destruidos, y no sostengo esta idea en razones de carácter ético, sino en razones de necesidad. La propia edificación de algo supone la negación de aquello sobre lo que se construye. Para este caso concreto es especialmente válido que la agresión no es provocada por los agresores, sino, paradójicamente, por los agredidos. Una sociedad que no da paso a la solución de sus contradicciones internas, que por su inmovilismo perpetúa situaciones históricamente ya inviables, es forzosamente una sociedad que se autodestruye, aunque proyecte el germen de su destrucción por fuera de los grupos que detentan el poder y, como en un chivo emisario, cuelgue el sambenito de las culpas y responsabilidades sobre el grupo minoritario de los agresores.[23]

La agresión se provoca, pues, por ambas partes, en virtud de una serie de contradicciones que interesa detectar, y que en modo alguno quedan subsumidas en la, por decirlo así, «gran» contradicción existente entre «la» opresión y «lo» oprimido. También aparecen otras contradicciones en los mismos bipolos entre los cuales la antes citada se produce. Veámoslo con algún detalle.

Respecto del poder, de los grupos dirigentes, ¿cuál es la contradicción? El poder no es en absoluto ciego frente a las necesidades de los otros, los explotados, los sometidos. Habrá, sin duda alguna, algún grupo de él que dé la espalda a la realidad. Pero los más advertidos perciben que esa necesidad existe entre los oprimidos y que pugna por superarse. La contradicción —manifiesta sobre todo en la crisis que desde abajo se provoca— estriba, a mi modo de ver, en lo siguiente: por una parte, la clase dirigente quisiera de alguna manera adoptar las reformas subsiguientes merced a las cuales el statu quo pudiera conservarse. Aunque desde el otro extremo la solución no sea aceptable, evidentemente supone la única vía posible de seguir eludiendo la violencia y convulsión revolucionaria, suplantándola por la reforma. Pero, ¿ocurre siempre así? A ello podemos contestar negativamente. Muchas veces el po-

23. Cf. mi trabajo, *La agresividad, ingrediente de la estructura neurótica actual*, en la revista «DR», dic. 1968. La literatura psicoanalítica acerca de la agresividad es muy amplia. Aparte del trabajo de FREUD, *Más allá del principio del placer* (en *Ob. Com.* I) y *El malestar en la cultura*, ya citado, puede verse el trabajo de LACAN, *L'agressivité en psychanalyse* (en «Écrits», París, 1969). Una revisión de algunas de las dimensiones que el problema de la agresividad contiene, en Rof CARBALLO, *Violencia y Ternura*, Madrid, 1967. Es interesante el planteamiento del problema por PARSONS (en su volumen *Ensayos de Teoría sociológica*, trad. cast. B. Aires, 1968).

der es consciente, en efecto, de la necesidad que subyace. Pero teme a la solución incluso a medias, en la medida en que sospecha que, tras ella, se han de perpetrar nuevas y más fuertes reivindicaciones que, en un futuro relativamente próximo, susciten de nuevo la crisis en el sistema establecido. Otras veces, no es que tema, sino que absurdamente (absurdamente en una lógica histórica) pierden la conciencia de la disminución de su poder, de su significación en baja en el juego dinámico de fuerzas presentes en determinado momento de la sociedad. En una palabra, desaperciben que, pese a su poder, se trata de una clase históricamente en descenso y a sí mismos se ven como todavía fuertes, y susceptibles de ser en un instante dado más fuertes aún y, en consecuencia, con capacidad para mantener coactivamente el propio sistema. La contradicción, pues, se plantea entre la falsa conciencia de su papel y la concienciación de la necesidad que en los oprimidos existe, tras la observación de las actitudes de éstos. Por una u otra razón, cuando esta contradicción aparece en el interior del grupo dirigente, y es el sector más poderoso del mismo el que impone sus pautas, las soluciones dadas —aumento de la represión— son siempre de las que he llamado soluciones dialécticamente falsas. El error radica en su misma improductividad, en la hipoteca que ellos mismos se hacen de la pervivencia del sistema. Ello es así, porque un sistema, por inmovilista que se considere, es siempre un sistema móvil. Dentro de su aparente inmovilidad se juegan las fuerzas del porvenir. Y ese movimiento que subrepticiamente se suscita en el sistema aparentemente inmóvil —sobre todo para los que lo padecen— proviene de la elevación del rango de esas necesidades insatisfechas. De esta forma, la necesidad de rango anteriormente inferior, al no ser cumplida, se torna necesidad imperiosa, dotada de una carga cada vez mayor de agresividad. Un apetito no satisfecho es, por poco más tarde, sencillamente hambre. Una libertad de expresión no cumplida es, momentos después, experimentada como torpe opresión.

Y no obstante, si pretendemos ser objetivos, la inercia que les conduce al inmovilismo tiene, por parte del sistema, su lógica interna. A mi modo de ver, el sistema —por burdo que se muestre en otros aspectos—, en la medida en que se apercibe en riesgo, acierta a entrever que la satisfacción que ellos pudieran donar de las necesidades de los oprimidos sería tan sólo un compás de espera. A la satisfacción a medias de esa necesidad sólo puede suceder una calma momentánea, porque de inmediato aparece una nueva necesidad, y así sucesivamente. En última instancia, al grupo mantenedor del sistema sólo se le ofrecería como opción hacer desde sí mismo un cambio de naturaleza tal que dejase de ser el que radicalmente es. Pero esto no es posible. El sistema no posee capacidad de maniobra para ser y no ser al mismo tiempo. Y, ciertamente, esta es la opción irresoluble que se le ofrece por su misma radicalidad. Por eso, un sistema opresivo es y seguirá siendo un sistema opresivo, hasta que deje de serlo merced a la agresión que con su inomovilidad provoca.

El para qué la agresión se suscita responde a la situación con que se encuentran los grupos oprimidos. Efectivamente, la agresión se verifica para subvenir a la satisfacción de algo que históricamente representa una necesidad. El que sean realmente una o muchas necesidades a la vez no hace al caso a la hora del análisis abstracto de una situación. Cabe preguntarse de qué índole es la concienciación que tiene lugar en el ámbito de los agresores. La necesidad perentoria, la de ahora mismo, es fácil que se torne, como reflejo de la realidad más inmediata, en conciencia de la necesidad de superación de ella misma. Pero, en muchos casos, y desde luego en muchos de los grupos de los agresores mismos, esa conciencia es tan sólo de *esa* necesidad. Quiero decir de la necesidad presente, de la necesidad que esté presente, este ahora, provoca. Sólo algunos grupos de elevado nivel de conciencia son capaces de entrever, tras la necesidad de ahora, las que luego han de sobrevenir, y plantear su situación como una etapa en la transformación total del sistema. Son esos grupos, poseedores de una conciencia histórica cara al futuro, para los que la agresión no significa simplemente el remedio de urgencia que subsane la deficiencia mayor del sistema, sino el primer paso para una solución totalizadora. No es posible pedir una tal plenitud de concienciación en la totalidad de los necesitados, y forzosamente habrá de contarse con asincronías y desfases entre unos y otros grupos de los mismos. De igual modo que antes señalábamos cómo la resistencia daba lugar a la contradicción entre los grupos de poder, ahora es el empuje frente a ella, en forma de diferente instancia a solventar la necesidad insatisfecha, la que da lugar también a la contradicción dentro del grupo de los oprimidos. Los que sólo tengan conciencia de la necesidad del presente querrán satisfacer la necesidad de ahora y poner de inmediato punto final. Contrariamente, los que advierten que lo sustancial no es la parcial adaptación al sistema, intentarán proseguir la lucha a que su más alto nivel de concienciación les invita, referidos siempre a la necesidad de una solución total. Esta es la contradicción que entre ellos existe, junto a la intrínseca unidad que depara la identidad de condición.

Una consideración dialéctica obliga a la atención simultánea de los distintos vectores que intervienen en la dinámica de una situación dada. De aquí que la estimación de cómo la agresión se ha de verificar —es decir, la formulación práctica de la misma— pueda inferirse de las reflexiones antes expuestas. Se trata de saber cómo es posible que la violencia cumpla el cometido que le es propio. Es evidente que quien separa el para qué y el porqué de una conducta tiene que enfrentarse con la tarea de la *praxis* por sí misma. La *praxis* estará supeditada a la situación. Del mismo modo que la realidad, en cuanto fuente de necesidad, se torna conciencia, ahora la conciencia ha de constituirse en realidad objetivada, en operación sobre la realidad. Cada situación requiere, pues, su propia y adecuada respuesta. No hay en este sentido una misma y siempre idéntica respuesta. La protesta ha de estar indeclinablemente adecuada a la situación. Hasta tal punto, que así como desde el sistema las respuestas a las instancias agresivas podían conducir a soluciones dialécticamente falsas, y que, por tanto, se vuelven en contraproductivas para el sistema mismo, también en el otro extremo cabe la solución negativa, dialécticamente inobjetiva. Las formas aprácticas de que hemos tratado son ejemplarizaciones de ella. Cabe hacer las cosas tan mal —digámoslo prontamente— que al no resultar adecuadas a la situación que las provoca, sean los propios incitadores del cambio los que, en un efecto *boomerang,* lo dirijan contra sí mismos. Un hacer negativo se torna positivo para el contrario, es hacer a favor de él, es decir, negativo para uno mismo. Lo que hemos denominado madurez en la agresividad, la forma práctica de protesta, se detecta en el hacer adecuado, en todos los niveles, de este proceso que compone lo que se denomina acción política revolucionaria.

El «realismo» de la acción verdaderamente práctica radica en su capacidad para operar con lo que hay, no con lo que debiera haber, que es lo que caracteriza esa forma apráctica que se ha denominado izquierdismo. Plantea la necesidad en el ámbito de la realidad de ahora, como expresión asimismo de un estadio hacia la posible superación de necesidades futuribles. Si me es permitido expresarlo así, la actitud realista advierte el carácter totalizador de la acción en apariencia parcial que es la inmediata reivindicación. Por eso la única forma de comunicación con el sistema, que imposibilita por su propia estructura y dinámica la comunicación, es la protesta total. Allí donde se detecte la necesidad, por aquel que por su peculiar condición adviene a la concienciación de ella, es exigitiva la respuesta protestativa con miras a la mutación global. La protesta deviene así en el único modo posible de comunicación dentro de un sistema hermético e inmovilista. Nunca se advertirá suficientemente la eficacia de que tal acción protestativa derive directamente de la realidad, es decir, que sea realista. Ahora bien, estar en la realidad es ir a la raíz de la realidad misma, a la cual en última instancia remite cualquiera pauta de comportamiento. Estar en la realidad es sorprender a los hombres y las cosas en sus relaciones mediatas e inmediatas, porque el hombre opera con la realidad a nivel del uso que hace de los componentes de ella. Estar en la realidad es, pues, interpretar retroactivamente ese momento final del proceso, que es la relación interhumana, en su dependencia inicial con las relaciones de producción.

Sólo una conciencia realista, que procede con el rango permanentemente móvil de la realidad, merced a su intrínseca dialecticidad, puede eludir cualquiera forma de dogmatismo. El dogmatismo emerge cada vez que un sistema —cualquiera que sea— edifica su ideología con miras a la racionalización que lo justifique. El dogmatismo sustituye la validez por la verdad, lo relativo por lo absoluto, la movilidad por el fixismo, la comunicación, de antemano propuesta, por la incomunicación. La dialéctica de las relaciones es lo opuesto a la cosificación. La crítica, que no es otra cosa que la forma social de la comunicación, es la salvaguarda frente a la rigidificación y petrificación.

La aspiración a la comunicación se convierte así en aspiración a un cambio estructural que, de inmediato, opere de un modo radicalmente distinto para el ser humano, en suma el que éste recobre no sólo un uso auténticamente comunitario de sus instrumentos de comunicación, sino que éstos se adscriban al servicio de la comunicación de su ser real y no de una ficción, arcaica o recién aprendida, pero en cualquier caso deshumanizada. Ignoro si en alguna etapa de la evolución sociohistórica ha podido el hombre operar con ese ser real que es él mismo, allí donde las condiciones infraestructurales hayan hecho posible al propio tiempo que esta actuación tuviese un carácter plural. Pero tal pregunta parece superflua, por cuanto en todo caso ha de quedar actualmente sin respuesta. Nuestra protesta —no sólo verbal, sino práctica— ha de tender a que ello sea posible y que la posesión de unos medios de manipulación sobre la naturaleza —por tanto sobre el hombre, como elemento de ella— tan eficaces, no comporte la perpetuación del statu quo, a través de la edificación de una trama social que, en el fondo, no sirve directamente al hombre, sino a determinados grupos. Si bien parece ser cierto que los cambios en el hombre se verifican —en la medida en que son «consecuencia»— en desfase respecto del cambio estructural, estoy convencido de que este último debe promover, *por la vía también de la supraestructura misma,* la posibilidad de comunicación crítica *en el momento en que el cambio se verifique.* Este es el sentido que tiene la protesta, visible sobre todo en el carácter generalizado de hoy: protesta contra una autoridad que hace un uso autoritarista de la misma; subversión contra «un» poder que utiliza «su» poder para el mantenimiento de viejas estructuras, no sólo economicopolíticas, sino sociales. Las formas institucionales clásicas aparecen ya, a los ojos de las nuevas generaciones, como estructuras al servicio de la fosilización y de la inhumanización. Por esto, no sorprende el que, muchas veces, la protesta se haga sin el cortejo necesario de métodos que nos indican del saber hacerla y que, en consecuencia, se agote en su propia ineficacia. Ello es debido, según creo, a que tal protesta se lleva a cabo en el plano supraestructural. Sólo en los grupos más claramente radicalizados se observa la propuesta de unos cambios infraestructurales netos, allí donde éstos componen un prerrequisito todavía no cumplido. No se ve bien en tales formas protestativas qué autoridad podría sustituir a la hasta entonces existente, pero en todo caso parece que ella se ha de encontrar en formas más espontáneas de la misma, derivadas directamente de las propiedades intrínsecas del hombre y no del hecho mismo de que en un grupo de él se dé el control económico del poder o el control del poder mismo por una burocracia firmemente asentada sobre sus funciones inicialmente administrativas.

ÍNDICE

EDICIONES DE BOLSILLO
ÚLTIMOS TÍTULOS PUBLICADOS

423. **Martin Eden.** Jack London (GU)
424. **Caníbales y cristianos.** Norman Mailer (PE)
425. **La construcción del socialismo.** Mao Tse-Tung (AN)
426. **El libro de mi amigo.** Anatole France (GU)
427. **Historia de la cultura occidental.** Michael Grant (GU)
428. **In vino veritas - La repetición.** Soren Kierkegaard (GU)
429. **El jeque de Harlem.** Chester Himes (BA)
430. **Cuestiones de arte y literatura.** Marx/Engels (PE)
431. **Antología de urgencia de A. Machado.** A. Machado (GU)
432. **La muerte de la hierba.** J. Christopher (GU)
433. **Educación sin escuelas.** I. Illich y otros (PE)
434. **Hunduísmo.** K. M. Sen (GU)
435. **André Breton. La escritura surrealista.** Durazoi/Lechernier (GU)
436. **Las áreas del placer.** Campbel (GU)
437. **Orígenes del régimen constitucional en España.** J. Fernández Almagro (LB)
438. **Escritos y confesiones.** Richard Wagner (LB)
439. **Temor y temblor. Diario de un seductor.** Soren Kierkegaard (GU)
440. **Escritos sobre literatura y arte.** Lenin (PE)
441. **Para comprender a Piaget.** Pulaski (PE)
442. **La crisis económica y su repercusión en España.** Varios (PE)
443. **Las cartas a Julien.** Albertine Sarrazin (LU)
444. **Cuentos Espaciales.** Ray Bradbury (LU)
445. **Psicología del vestir.** G. Dorfles y otros (LU)
446. **El Unamuno contemplativo.** C. Blanco Aguinaga (LA)
447. **Literatura y psicología. La neurosis del escritor español.** J. del Amo (CD)
448. **El asunto N'Gustro.** J. P. Manchette (LA)
449. **Reiner. Dolly Dollar.** Klotz (LA)
450. **La resolución positiva de la filosofía.** Joseph Dietzgen (LA)
451. **Autobiografía de una mujer sexualmente emancipada.** Alexandra Kolontai (AN)
452. **El sindicalismo I. Teoría, organización, actividad.** Marx/Engels (LA)
El sindicalismo II. Contenido y significado de las reivindicaciones. Marx/Engels (LA)
453. **Sueños, discurso y destrucción de los inocentes.** Eliseo Bayo (LU)
454. **Sociología del cambio religioso en España.** Varios (FO)
455. **El vagabundo.** Eduardo Galeano (LA)
456. **A. Machado, poeta del pueblo.** M. Tuñón de Lara (LA)
457. **La crisis de la economía keynesiana.** John Hicks (LB)
458. **Diálogos entre el poder y el no poder.** Perich (LA)
459. **Las crisálidas.** John Wyndham (GU)
460. **Obras completas I.** César Vallejo (LA)
461. **Las jirafas de bolsillo.** Guillermo Mordillo (PE)
462. **Las ideas socialistas en el siglo XIX.** Carlos M. Rama (LA)

AN Editorial Anagrama
BA Barral, editores
CD Cuadernos para el Diálogo
ES Editorial Estela
FO Editorial Fontanella
LA Editorial Laia
LU Editorial Lumen
PE Ediciones Península
TU Tusuets, editor
LB Editorial Labor
GU Ediciones Guadarrama

463. **Días de gracia y arena.** Norman Mailer (PE)
464. **Historia del movimiento obrero y social latinoamericano contemporáneo.** Carlos M. Rama (LA)
465. **Obras completas II.** César Vallejo (LA)
466. **Los orígenes del capitalismo.** Jean Baechler (PE)
467. **Las culturas preincaicas.** Víctor von Hagen (GU)
468. **Crónicas de marginados.** Francisco Candel (LA)
469. **Tres novelas cortas: Noches blancas/Novela en nueve cartas/El sueño del príncipe.** Fyodor M. Dostoyevski (LA)
470. **Obras completas VI.** César Vallejo (LA)
471. **Historia del 1.° de Mayo.** Maurice Dommanget (LA)
472. **La crónica sentimental de España.** M. Vázquez Montalbán (LU)
473. **Bajo la junta militar chilena.** F. Hinkelamert, A. Mattelart (LA)
474. **La formación histórica de la clase obrera.** E. P. Thompson (LA)
475. **Obras completas III.** César Vallejo (LA)
476. **Contra la medicina de los médicos.** Valtueña (BA)
477. **Sociología de una profesión: Los asistentes sociales.** Juan Struch/ A. M. Güell (PE)
478. **Borges: una lectura poética.** E. Rodríguez-Monegal (GU)
479. **Crónica sentimental.** M. Vázquez Montalbán (LU)
480. **Obras completas IV.** César Vallejo (LA)
481. **Marxismo y cultura.** A. Reszler (FO)
482. **Cuentos del futuro** R. Bradbury (LU)
483. **La literatura como provocación.** H. R. Jauss (PE)
484. **¿Por qué ríen las calaveras?** Serafín (BA)
485. **Obras Completas.** C. Vallejo (LA)
486. **El pensamiento político del Rosa Luxemburgo.** L. Basso (PE)
487. **Informe sobre la Tercera Edad.** R. Duocastella (FO)
488. **El Tangram.** J. Elffers (BA)
489. **Nosotros los valencianos.** J. Fuster (PE)
490. **Obras Completas.** C. Vallejo (LA)
491. **Teoría del imperialismo.** J. M. Vidal Villa (AN)
492. **La propuesta comunista.** (LA)
493. **Ivan Illich o la escuela sin sociedad.** H. Hannoun (PE)
494. **Tratado marxista de economía política (2 vols.).** Varios (LA)
495. **Cristianos por el socialismo.** G. Girardi (LA)
496. **Los vanguardismos en la América Latina.** Ed. O. Collazos (PE)
497. **El partido de la URSS (1917-45).** G. Proccaci (LA)
498. **Montauk.** Max Frisch (GU)
499. **Crisis y teoría de la crisis.** P. Mattick (PE)
500. **La cultura bajo el franquismo.** Varios (ENLACE)
501. **El tangram de los ocho elementos.** J. Libre (BA)
502. **El movimiento obrero en la historia de España.** M. Tuñón de Lara (LA)
503. **Cómo se hace una novela.** Miguel de Unamuno (GU)
504. **Por una pedagogía revolucionaria.** G. Girardi (LA)
505. **El proyecto socialista.** P. Jalée (AN)
506. **El poder despótico burgués.** R. Bartra (PE)
507. **La sexualidad femenina.** Chasseguet-Smirgel (LA)
508. **Comunicación y cultura de masas.** **Roman** Gubern (PE)
509. **El país errado.** Mario Lodi (LA)
510. **Política y sociedad.** Antonio Gramsci (PE)
511. **Cambio de rumbo** 2 vols. Hidalgo Cisneros (LA)
512. **Parte de guerra.** Gabriel Celaya (LA)
513. **Obras.** Kropotkin (AN)
514. **La mayoría marginada.** Franco Basaglia (LA)
515. **Guía de la meditación transcendental.** C. Muñoz Malagarriga (BA)
516. **Marxismo y cristianismo.** Giulio Girardi (LA)

517. **Homenaje a Rafael Alberti: Del corazón de mi pueblo.** Varios (PE)
518. **Historia del socialismo.** Jacques Droz (LA)
519. **La evolución de la filosofía en España.** Federico Urales (LA)
520. **Poesías completas vol. 1.** Gabriel Celaya (LA)
521. **Poesías completas vol. 2.** Gabriel Celaya (LA)
522. **Poesías completas vol. 3.** Gabriel Celaya (LA)
523. **Poesías completas vol. 4.** Gabriel Celaya (LA)
524. **Poesías completas vol. 5.** Gabriel Celaya (LA)
525. **Poesías completas vol. 6.** Gabriel Celaya (LA)
526. **Tres años de lucha** 3 vols. José Díaz (LA)
527. **La crisis del progreso.** Georges Friedman (LA)
528. **Crítica de la religión y del Estado.** Jean Meslier (PE)
529. **Crítica de la división del trabajo.** André Gorz (LA)
530. **La estructura ausente.** Umberto Eco (LU)
531. **Sobre arte.** Henri Matisse (BA)
532. **Antología.** Ernesto Cardenal (LA)
533. **El silencio del mar.** Vercours (LA)
534. **Sociología del ocio.** M. F. Lansant (PE)
535. **Soy del Regimiento Quinto.** Juan Modesto (LA)
536. **Zen. La conquista de la realidad.** X. Moreno Lara (BA)
537. **La inteligencia y la Guerra Civil Española.** Schneider/Aznar (LA)
538. **Comunistas, socialistas, cristianos.** P. Togliatti (LA)
539. **El arte ensimismado.** Rupert de Ventós (PE)
540. **La soledad en la sociedad norteamericana.** Philip Slater (PE)
541. **El día que murió Marilyn.** Terenci Moix (LU)
542. **La señora Dalloway.** Virginia Woolf (LU)
543. **Otra Fedra, si gustáis.** Salvador Espriu (PE)
544. **El triángulo azul.** Manuel Razola y Mariano C. Campo (PE)
545. **Hacia la realidad creada.** Aurora de Albornoz (PE)
546. **La cocina catalana.** M. Vázquez Montalbán (PE)
547. **Novum organum.** Francis Bacon (FO)
548. **El estudio de las aves.** Oskar Heinroth (LB)
549. **España bajo los Austrias.** Eduardo Ibarra y Rodríguez (LB)
550. **Introducción a la historia de la biología.** Jean Rostand (PE)
551. **Conocimiento de la locura.** Michel Thuilleaux (PE)
552. **Entre actos.** Virginia Woolf (LU)
553. **El cuarto de Jacob.** Virginia Woolf (LU)
554. **Tres guineas.** Virginia Woolf (LU)
555. **Conversaciones con la joven filosofía española.** Javier García Sánchez (PE)
556. **El toque Lubitsch.** Hernan G. Weinberg (LU)
557. **Eros adolescente.** Manuel A. Conejero (PE)
558. **La imagen pública.** Muriel Spark (LU)
559. **Maquiavelo o los orígenes de la sociología del conocimiento.** Gerard Namer (PE)
560. **Melodrama o la increada conciencia de la raza.** Terence Moix (LU)
561. **Sonetos y endechas.** Sor Juana Inés de la Cruz (LB)
562. **El médico de cabecera.** Varios (FO)
563. **Gustave Flaubert, escritor.** Maurice Nadeau (LU)
564. **Antología de la poesía modernista.** Pere Gimferrer (PE)
565. **Retratos de Fidelman.** Bernard Malamud (LU)
566. **Historia del teatro moderno. Vol. I.** Ricard Salvat (PE)
567. **El sueño de Bruno.** Iris Murdoch (LU)
568. **El Zodíaco de la vida.** Eugenio Garin (PE)
569. **Las mujeres y la literatura.** Virginia Woolf (LU)
570. **Vida y obra de Sigmund Freud.** 3 vols. Ernest Jones (AN)
571. **El mismo mar de todos los veranos.** Esther Tusquets (LU)
572. **La sonata a Kreutzer.** **León Tolstoi** (PE)

573. **Reflexión histórica de la arquitectura moderna.** Helio Piñón (PE)
574. **Darwin en España.** Thomas Glick (PE)
575. **Los orígenes de la racionalidad científica.** Mario Vegetti (PE)
576. **El conflicto lingüístico en Catalunya: Historia y presente.** Francesc Vallverdú (PE)